云端经济学

8000米高空的经济学思考与漫谈

吴建雄／著

人民东方出版传媒
東方出版社

图书在版编目（CIP）数据

云端经济学 / 吴建雄著. —北京:东方出版社,2014.2

ISBN 978-7-5060-7184-0

Ⅰ.①云… Ⅱ.①吴… Ⅲ.①经济学—文集 Ⅳ.①F0-53

中国版本图书馆CIP数据核字(2014)第010483号

云端经济学

吴建雄　著

策　　划：东方钻石
责任编辑：姚劲华
产品经理：李家晔
出　　版：東方出版社
发　　行：人民东方出版传媒有限公司
地　　址：北京市东城区朝阳门内大街192号
邮政编码：100010
印　　刷：环球印刷（北京）有限公司
版　　次：2014年2月第1版　2014年2月北京第1次印刷
开　　本：710毫米×1000毫米　1/16
印　　张：14
字　　数：180千字
书　　号：ISBN 978-7-5060-7184-0
定　　价：36.00元
发行电话：（010）65210059　65210060　65210062　65210063

序：在云端，写给未来

我在这几年当中，由于工作、出行、聚会等原因，飞机成为几乎等同于Taxi的出行工具，我变成了一个在云端生活的人。长期往来于不同的城市，我感受到的是事物的变换、光影的交叠，以及人的不安与流离。周围一切已经被包围，飞行的舱位在特定的时间里，对我来说，已经形成一个移动而独立的空间。

这个在城市上空、云层之间移动的空间，伴随引擎的声音腾空而起，将很多陌生的、原本不相关的人的利益联在一起。独立的空间，对于常年忙于创意、思考、艺术创造的我而言，显得如此珍贵。这是一个可以让我远离世故的安静场所，在其中我产生了一些感性加理性的思考。

这里便于冥想、自省，可以思考很多东西，比如经济、商业、心理、人生、世态，以及看似美好或不美好的未来。在很多人口若悬河地谈论其观点时，我想，方法论要比观点更重要，所以我把“方法论”定为本书的主旨。这几年对经济和人生百态的思考，形成了这本主要在8000米高空完成的经济学随笔，我称之为“云端经济学”，但它不局限于云端，也不局限于经济学。

乍一听“云端经济学”，很多人会把它跟“云经济”相混，尽管后者的概念也不是那么明朗。

的确，现在已经进入了云时代，“云经济”是一个炒得很热的话题，它与云计算和大数据有关。有关词条解释为：随着云计算技术和应用的不断成熟，其应用范围也将得到更大范围的扩展，进而促使一场从客户端/服务器模式到公共云数据的巨大变革，极大地推动了云经济时代的到来。而互联网著名人士、微软公司全球资深副总裁张亚勤则认为：云经济的本质，是通过互联网与通信网，把超大规模的云服务中心的计算与存储能力，以低成本、高效能、高可用的方式，提供给全球的政府、企业及个人消费者，以实现数据的分享与交换。

本书所讲的云端经济学，恰恰是与云经济不同的。这里的云端，是换个角度看世界，拨开云层看未来。未来关心的话题是什么，未来的商业和消费模式是什么样的，诸如此类的经济发展趋势才是我要关注的。其次，云端是我职业中的一部分，本书的作品大多是我在云端思考的结果。最后，云端还是一个蛮有禅意的概念，它代表着变化莫测、看似很远实又很近的事物，如云经济，代表未来的高度。那些常年飞行的人，很多是商务经理和中高层决策者，他们需要预知未来经济形势、政策、人与生活的变化，他们需要走在未来之前，更好地把握未来。

云端的一切，就是未来的一切。

Idea
Economics
CLOUD
sale
MAIN
300
2000
internet
MARKETING
45%
25%
30%
15%
7%
48%
SUCCESS

目录 CONTENTS

第三章 | 商业的本质

第四章 | 人性的光芒

第五章 | 更美的城市

第一章

云端经济学

Idea
Economics
CLOUD
sale
MAIN
300
2000
internet
MARKETING
SUCCESS
45%
25%
30%
15%
7%
48%

头等舱经济学

头等舱就像一个筛子，把“不合格”的客户首先筛出去，意在设定一个准入门槛，建立高准入合作关系。

关于头等舱，有一则传闻：

麦肯锡坐飞机只坐头等舱，他解释说：“我在头等舱认识一个客户，就能给我带来一年的收益！”而比尔·盖茨呢？有人在经济舱看到他，问他为什么不坐头等舱，盖茨说：“头等舱比经济舱飞得快吗？”

有人说，麦肯锡倡导的是机遇战略，而盖茨倡导的是节俭战略。

我认为，不应该从字面做浅显的意图猜测，更多应从发言者的角色来判断。

麦肯锡渴望的是客户，他最终的目标是合作与扩大业绩。对于他而言，核心命题是：接触高端客户，扩大合作客户。

再把这个命题深入分解，则包含了四大元素，即客户的质量、客户的审美、客户的认知、客户的品位。从这一点来看，头等舱首先是一个非常理想的门槛，这一点和行业壁垒的本质一样。

第一，头等舱作为一个筛子，率先把“不合格”的客户筛了出去，收入水平、审美要求、生活品位不够的人，往往容易迁就于经济舱而不是头等舱。这是一个准入门槛。

第二，从时间成本来看，确保了潜在客户消费能力的头等舱，大大降低了业务开拓者（麦肯锡）出现时间成本浪费的概率。毕竟，如果你花费一段飞行的时间后，发现虽然对方认可你的观点，却无消费能力接受你的业务，会让你很遗憾。从这点看，头等舱又成了一个时间和机会的保障。

第三，千金买宅、万金买邻的道理在头等舱同样适用。头等舱形成了一个满足特定客户群沟通语境的平台，当你选择了头等舱，无形中就找到了一个进入游戏的平台，至少在客观的认知上，陌生人因为你选择头等舱对你或多或少认可，借此可避免经济学系统性偏见中的“排外偏见”。

第四，头等舱的选择，其实会给潜在客户带来隐性的安全认知。对潜在的目标客户而言，一个和你并排坐头等舱的人，多少有种身份的对等，而一个能选择头等舱的人（或他身后的公司）至少度过了捉襟见肘的创业前期，不需要对成本斤斤计较。选择头等舱的另一个心理暗示是：这家公司相对稳定与安全，至少出行成本已不在日常成本控制范畴。换言之，头等舱体现了你的资本与实力。

很多年前，我计划过一件事情——在所有自己喜欢的城市，都必须拥有一套房子。这就和坐头等舱同一个道理。我做过调研，一个全新的合作方更愿意和在所在城市有固定资产的伙伴合作，这就是资本的信心与底牌——合作高准入信任，是为头等舱经济学。

那么，为什么盖茨会选择经济舱？

首先，盖茨的企业已成为行业的老大，具有自主定价权。换言之，要怎么玩，看他自己乐意。对于一个在鼎盛时期的企业而言，根本不需要主动出击去寻找客户，它们正处于使用者集体无意识的保护、追捧与拥护中。所以在飞行选择上，盖茨所考虑的，第一是成本和价值，价格最低者优先选择。在这里，有个推理成立：公司在创业时期和鼎盛时期都极其重视关心成本，在上升时期，会把出行成本转移为寻找目标客户的成本。其次，我认为盖茨倡言的经济舱，还有一种人本的含义：主动、刻意地与大众拉近距离，形成亲切友好的品牌感觉。是的，对鼎盛期的品牌而言，最重要的已不是品牌忠诚度和知名度的建立，而是亲切感和价值观的建立。鼎盛时期的品牌，一举一动都代表着对未来世界的反思、对资源和环境的珍视。这里还有一个潜台词：鼎盛时期的品牌最应该重视的是危机公关，亲民政策可以有效规避很多大众不信任的联想。想想当下的热点，富二代炫富是不是很招人嫌?

三流企业比价格与实惠，二流企业比技术与模式，一流企业比感觉与认知，说的就是这个道理。美国大选时，总统候选人会通过参观老年社区营造亲和力，新生品牌为了弱化市场的质疑，往往会通过多种途径赞助慈善机构，这些都是一个道理。

“亲切”成为很多品牌在这三五年间主动思考的核心关键词。

虽然你不认识我，但是我认为你和我是一样的，我们是相似的。

因为我们同在经济舱，我在你跟前，很亲切。在经济舱，不同职业、不同年龄、不同性别的人们，平起平坐，没有等级之分。看的杂志、喝的水、吃的热狗、安全带的质感，都一样，是一种刻意的公平。

我一直认为，在一个刻意公平、一视同仁的制度下，游戏参与者的等级或许会消失。在等级看似消失的瞬间，彼此选择信任——这可能就是经济舱效果吧。

飞机上的“主权战争”

“主权战争”，其本质是争取“先行者优势”。先行者因进入壁垒低而获取竞争优势，对后来者来说，进入壁垒高了，意味着要花更多的资源才能与先行者进行有效的竞争。

在飞机上，相对于头等舱，经济舱是相对拥挤的。尤其是夹杂在若干个人之间的中部位置，体感极不舒服，靠窗的好点，可以把身体倚靠在与窗台的缝隙中，靠中间过道的略为宽松，但你会被来来往往配发食品、饮用水的服务人员弄得很烦躁。

在我看来，在飞机这样一个狭小空间里，人与人之间有种本能的厌恶，我甚至不止一次期盼身边的人误机，这样我就可以把我的包与随手的书籍轻松地放在身边的座位上。

人总是会把私人物品放在目光所及的位置，以获取轻微的安全感。

这样一来，其实，飞机上是有主权存在的——我称之为“个人主权”。缺席的乘客不在你旁边，你就有了霸占对方主权的机会，而且往往是先到先得。一旦判断身边的人缺席，就把行李放在椅子上，你便拥有了一个原本不属于你的空间。

当然，在飞机上主权的战争也不限于我所举的那个例子。其实，竞争从登机时的那一刻就开始了，排队的先后就存在权利差别（我至今不明白为什么头等舱和外籍人士可以提前登机，每次进入机舱，那些所谓头等舱的人总或多或少用鄙夷的眼光，看着通往经济舱的人）。坐过道的人的眼神中甚至有一种恶意型的公告：路过时不要弄脏我的高档皮鞋；而靠内侧的人则或多或少在假寐，警告过路人，不要打扰他的清梦。除排队的顺序，入口处当日报纸、毛毯的获取，都是带有主权性质的行为，而进入机场后争夺存放行李的位置，也是一种战争。

当然，飞机上的战争还包括，特意选择柜台服务，预订安全通道的座位。

我总在飞机上想起这一类的“主权战争”，从经济上讲，转换成企业或者品牌的战略模式，就是行业壁垒中的“先行者优势”或“先进者优势”。

什么是先行者优势？从概率上说，有个经典定律：假设有两名枪法一样棒的枪手，同时向同一目标射击，尽管他们的射击精度一样，但是先扣动扳机的枪手命中目标的概率总是大于后开枪的枪手。

从专业词条的角度来看，对于企业而言，先行者被认为相对于后进者在某些领域有着重要的不对称的优势，或者说先行者因进入壁垒而获取竞争优势，对后进者来说，进入壁垒相对要高，意味着要花更多的资源才能与先行者进行有效的竞争。

再浅显一点，就是先入为主，先到先得。我曾经举过一个例子，桌面上有十个苹果，每天吃一个，周一开始吃的人，一定要比周二开始吃的人，吃得多。在这个例子中，“十个苹果”代表的是市场份额，“每天吃一个”可以理解成市场规则，或者完成“吃苹果”目标中的时间成本，“周一开始吃的人”代表先行者，“周二开始吃的人”代表跟随者，“吃得多”代表的是结果，或者局面。

把这个例子的比喻再深入一步，吃掉苹果后，苹果核可以作为种植生产所需，那么一年后，周一开始吃的人，拥有的苹果一定要比周二开始吃的人多。把例子深化后，苹果可以代表任何投资或资源，它代表了先行者优势在规模化生产上的优势。

如果说，从先行者的优势中剥离时间优势，先行者优势的核心，在我看来还包括：市场份额变化的自主权，先行者能通过自身的占据，将剩余空间缩小；联盟成员的提前实现，先行者将一定的市场份额让给合作伙伴，先行者先拉拢站在他那一方的人，更容易成为垄断；先行者自身经验与判断力的提前获取，对市场的判断具有引导性；先行者探索全新领域的优先性；当然，还有一个结果，先行者把跟随者吞了，大鱼吃小鱼。

反之，对于追随者而言，先行者的优势成为他的成本。例如，对于市场与合作方的转换成本，需要花更多的时间学习市场；对经验与判断力的学习成本，需要模仿，跟踪先行者的行为，重新学习；潜在的契约成本，已与先行者形成联盟的合作方改变自身选择所要支付的代价；还有人员成本，需要花更多的资本招聘和培养人才。

那么，怎样才能成为先行者？通过洞察、发现与创造。以我上文所说的飞机上的主权行为为例，要多加观察，根据飞机起飞时间，判断哪个座位的乘客应是放弃了飞行，然后迅速占领那个空余的座位，先占者先得。

但是，是否先行者就足够安全？也不是，一旦遇到实力雄厚的寡头型集团（尤其是连锁企业），先行者的模式就很容易被复制。国内不乏靠复制别人模式最终成功的品牌，这也让很多处于创业期的企业很头疼。那么怎么办？

寻找寡头型集团已经放弃，或者不是其主要品牌战略的领域，针对更细分的市场。例如，在与做全民网络游戏的寡头品牌对抗时，不妨做婴儿启蒙教育类网络游戏。

在全球富豪排行榜单上，除身份敏感的隐性富豪外，还有一些出自行业自我保护目的坚决不在榜单上露面和一些细分行业的富豪。例如，做自行车气塞的，做渔具的，做浮漂的，做实心玻璃纤维标尾的。

这样的先行者和优势，分别又被称为隐藏的先行者和隐藏的优势。

概率游戏：剩余价值创新

善于从物品使用价值的差异、可能性上寻找新价值，在竞争中就会获胜。人一旦找到剩余价值创新的途径和方法，财富就会主动来找你。

我喜欢概率，尤其经济学上的概率事件。先说说我内心的两个游戏。

我把每次飞行当成概率事件，你的旁边是女的还是男的？你的飞机是晚点还是准点？下飞机一刻是下雨还是晴天？一直以来，我都对带有博弈性质的概率事件无比着迷。

我很小的时候，就开始统计父母发脾气的时间，那时候我还不知道生理周期一类的事，我通过统计来判断，今天我母亲什么时候会心情不好，我需要表现认真点，还是要个滑，假装做完作业逃出去玩？当然，统计与赌概率的背后，遇到倒数第二周的周二是家长会我就会很崩溃（周二一般是我母亲去参加家长会，你懂的）。

我习惯把任何事情都用概率来分析。那么，世界上最低概率的事情是什么？

我的答案是，突然有一天，遇见和你一模一样的人。

你相信世界上还有一个和你面貌、性格都几乎一模一样的人吗？或许你曾经听说过这种事。但是可能更多是在电视或小说里。然而也有科学家曾经说过，对于我们每个人来说，世上都可能存在着一个跟自己十分相似的人。或许我们可以认为在世界的某个角落里还存在着另一个自己。

这样的概率有多大？我没算过，总之很小。

我经常在上飞机前玩的一个游戏就是，假设在飞机上遇见一个和我一模一样的男人。假设，我坐靠窗的位置，他坐过道的位置，中间，哦，对不起，正是我喜欢的那类姑娘。那么，你会和那个和你很像的人怎么PK？你要通过怎样的方式才能获取那个姑娘的芳心？

如果你是个热衷概率的人，你会发现这个游戏的问题在哪里？

总时间是固定的，一次飞行的时间，各自的时间分配是彼消此长型，而两个相似的人的基础假设，也摒弃了外形相貌的区别，在这样的假设中，你会怎么办？

你会用怎样的方式搭讪？

我曾经拿这个问题问过身边的朋友，有人说，直接表白，用十国语言表白。有人说，直接问她联系方式。也有人说，从见面第一眼就开始和她说话，滔滔不绝，不给对方任何机会。

那么，作为这道问题的“始作俑者”，我是怎样回答的呢？

两招。第一招是利用先天优势，和女孩调位（用些甜言蜜语告诉她，飞机会飞过大峡谷，这样的风景，你不应该错过），这样排列顺序就变成：她靠窗，我在中间，世界上的另一个我在过道。这样，对方的时间就没有了。

第二招就是不和女孩说任何话（飞机上，很少有人愿意交谈），而是在下飞机后，帮她搬运行李，在那个过程中，问她要联系方式。

在我的回答里有两点，一是改变局势，二是改变自己的角色，使自己从一个和对方萍水相逢的乘客，转化为一名友好的乐于助人的绅士。

这两点对于企业竞争来说很重要，从主动到被动不一定局限在时间差上，也体现在定位的区别上。

当然，这道题的悲情版和零概率版则是把那两个我换成双胞胎，这样可能题目就不成立了，双胞胎除了审美相似外，还有一个叫心灵感应的可怕能力，哈哈。

接着，我们进入另一个游戏。

假设你是一个在理疗机构服务的盲人按摩师，机构里一共有五个人，这时一个客人来了，他需要在你们五个人当中挑选一个为他服务。他拿不定主意，这时他开口要求你们介绍下自己。这时，你会怎么吸引他的关注，让客人选你为他服务？

会向他介绍你的技术，介绍你的经验？还是……

我身边朋友的回答如下：

“我会和他说我服务过的明星，这样他会更放心，也觉得自己很尊贵……”

“我会和他说我家里有重病父母，我需要他的同情……”

我的答案是：“先仔细听他的声音，判断他来自哪里，用他熟悉的家乡话问候，并且和他说，您的家乡一定是个很美的地方，如果可以，在我服务您的时候，和我分享下它。”

前段时间，网络有个疯传的视频和这道问题有异曲同工之妙。视频上一个盲人在祈祷，一名女士从他跟前走过，在他的废纸箱上写下一行字，接着，人们纷纷给钱。

这行字是：“It' s a beautiful day and I can' t see it.”

女士的点睛之笔形成一种感官互通的共鸣，最终引发人们莫大的同情心。而我的问题则来源于自己的亲身经历，当一个老男人用蹩脚的粤语和我说“内后（你好）”的时候，我选择了他。

在那一刻，我不把他当成一个盲人按摩师，而把他当成一个朋友，一个可以与我分享故事的人，他看不见我，我会安全，我可以和他说很多有的没的的事。

他是个优秀的聆听者。

以上两则游戏，其实都是在说一个道理，角色的变换往往会转劣势为优势。而在角色的变换中，一个经济学上的重要的核心词出现了——剩余价值。

乘客的剩余价值是一个帮你拿行李的朋友，按摩师的剩余价值则是一个安静的聆听者。

在这里，说说剩余价值。

人类经济学历史上，对剩余价值有前后两种理解。

最原始的理解，源自马克思。在以“剩余价值”为核心概念的马克思主义政治经济学中，剩余价值的生产被认为资本主义生产的本质，剩余价值规律又被定义为资本主义的基本经济规律，它决定着资本主义的一切主要方面和矛盾发展的全部过程，决定着资本主义生产的高涨和危机，决定着资本主义的发展和灭亡。

所谓剩余价值规律则指：资本主义生产的目的是为了生产和占有剩余价值。即资本家用绝对或相对地延长工人剩余劳动时间，提高劳动强度，改进生产技术等方法，最大限度地获取由雇佣劳动者创造的剩余价值。

马克思的剩余价值理论相信大家都很了解，里面对剩余价值有个分类，剩余价值中的绝对化与剩余价值的相对化。所谓绝对的，就是本来工人一天要工作8小时，现在强迫工作10小时，这两小时创造的财富，就是绝对剩余价值；相对的，就是以前要工作8小时，现在还是8小时，但是工具有了提升，同样时间内生产出的物品更多了，这就是相对剩余价值。

当然，在这里，我并不想对马克思资本主义基本规律里的剩余价值做过多的讨论，我想强调的是第二种剩余价值，是就价值的载体而言，是与“已用价值”相对的概念，指物品经利用后所剩的价值。

这类剩余价值，是属于物品本身的，关于概念，介绍起来很拗口，举个日常生活中比较普遍的例子来解释一下：在没有棉签的日子，牙签一头用于剔牙后，另一头打磨一下，用来做耳挖。耳挖不属于物品的原来属性（牙签），它就是剩余价值。

第一类剩余价值与第二类剩余价值的区别是什么？第一类是从群体行为的角度、剥削的角度来定义的，而第二类则是从物品使用价值的可能、物品存在之意义的角度来分析的。

与第二种剩余价值本质相同的另一个词，则是创新。

说到创新，这里不得不说一个人，历史的戏谑与幽默总是超出人类的想象。

虽然在世界上遇到另一个自己的机会小得几乎不可能，但同样的时代相似的对手，却比比皆是，什么“既生瑜何生亮”、“既生邦何生羽”都是这类历史事件的代表，比较悲情，毕竟俞伯牙与钟子期的“高山流水遇知音”是百年一遇，不可多得。

经济学上的因相似而悲情的事件有没有？有，并且有的是。老一点的，例如约翰·梅纳德·凯恩斯和约瑟夫·熊彼特；新一点的，例如1908年出生的约翰·肯尼思·加尔布雷斯和1912年出生的米尔顿·弗里德曼。这两对经济学家中，谁是悲情主义者？新一点的是加尔布雷斯，老一点的是熊彼特。

其中，人们普遍认为，加尔布雷斯是个出色的作家，但只是个普通的经济学家，而熊彼特的受敬仰程度超过知名度。

但事实上，加尔布雷斯和熊彼特一样，理论观点都绝对强悍，却没有得到世人对其学术的普遍认可。至于其中原因，也让世人很无语，有学者指出：两人的经济理论都因为过于注重自我研究，没有时间参加大学学术讨论和会议政治，导致无法影响世界。

用现在的话来说就是，尽管你手头抓着一把黄金，而你只是一个把双手插在裤兜里慢步行走的路人甲。于是，我们不难理解，在《经济分析史》中熊彼特为何在评价凯恩斯的文章里流露出或多或少的苦涩。在凯恩斯《和平的经济后果》出版后，熊彼特把“一个能给予其他人信心和鼓舞的天然领袖”评价给了凯恩斯，而把“我异常缺乏领袖的特质——只需要一小部分我的思想，一种新的经济学可能就已经创立了”这样的评价留给了自己。

在当今的世界，认识凯恩斯的人的确比知道熊彼特的人多，多很多。

和马克思《资本论》、斯密《国富论》一并被认为是欧洲资本主义世界三大经典经济学理论的《就业、利息和货币通论》，很早就奠定了凯恩斯在经济史上的不朽地位。

而熊彼特没有，虽然他的理论在当今世界开始被企业家、创业家反省、重读，但他的历史地位依然比不上凯恩斯。

有趣的是，如果我们把凯恩斯和熊彼特的人生轨迹做个对比，会发现两人至少有六大相似点，别人总结如下：

1. 两人都生于1883年；凯恩斯于1946年去世，熊彼特于1950年去世；

2. 两人都来自活跃的学术圈：凯恩斯在剑桥（Cambridge）和布卢姆斯伯里（Bloomsbury），熊彼特在维也纳；

3. 两人都很早就进入了政治事件的中心：1919年，凯恩斯参与了凡尔赛和约（Treaty of Versailles）的谈判，熊彼特则是奥地利财政部长；

4. 两人在高级金融方面都曾经历过成功与失败：凯恩斯曾经炒股，熊彼特用了10年时间来偿还欧洲核心金融机构崩溃产生的债务；

5．两人都与剑桥有不解之缘：凯恩斯的学术生涯在英国剑桥大学度过；熊彼特在1932年移民到了美国马萨诸塞州的剑桥；

6．两个人的私人生活都很丰富多彩：凯恩斯是个活跃的同性恋者，但还是娶了一位俄罗斯芭蕾舞演员；熊彼特结了三次婚，放言要成为全球最伟大的经济学家、情人和骑手——他承认，他一度曾不得不从事马术工作。

我们暂且不八卦两人的私生活，我想说的一点是，熊彼特才是王道。他的价值在1983年被认可，《福布斯》杂志（*Forbes*）在1983年庆祝两人的诞辰时断言："为席卷现代世界的变革……提供了最佳指引的是熊彼特，而不是凯恩斯"；而《商业周刊》（*Business Week*）在纪念熊彼特逝世50周年时宣称，他是"美国最热门的经济学家"。

为什么熊彼特的理论被认为真正意义上影响了世界的经济原理？我认为，凯恩斯价值理论的基础，是架构在剩余价值第一含义（行为、心理与资本对剩余价值的认识）的基础上的，即资本主义的基本规律（剩余价值规律），他的关注点在于（绝对/相对）剩余价值基础上投资、消费、储蓄的关系；而熊彼特理论的基础更多的是立足于剩余价值第二含义之上的，即生产工具、产品超越自身固有价值之外的剩余价值（找到另一种角色，就是创新）。

于是，两人对经济危机都做了自身的论断，但出发点不同，论断的逻辑也不同。

在凯恩斯对经济危机的论断中，他认为经济危机是由三个基本心理规律构成的：边际消费倾向递减规律、资本边际效率递减规律和灵活偏好规律。

第一个心理规律是"边际消费倾向递减"。

简单说就是你手头的钱越来越多了，但是你消费的可能性越来越小了，消费占你收入的比例在下降。这点是和马斯洛五大层次的需求有关的。

马斯洛五大需求是：

1. 生理需要，是个人生存的基本需要。如吃、喝、住处。

2. 安全需要，包括心理与物质上的安全保障，如不受盗窃的威胁，预防危险事故，职业有保障，有社会保险和退休基金等。

3. 社交需要，人是社会的一员，需要友谊和群体的归属感，人际交往需要彼此同情、互助和赞许。

4. 尊重需要，包括要求受到别人的尊重和自己具有内在的自尊心。

5. 自我实现需要，指通过自己的努力，实现自己对生活的期望，从而对生活和工作真正感到很有意义。

钱越多，你的等级越高，消费比例就越小。你有10元钱，用5元钱买面包，你的消费比例为50%；而你有100元钱，你用5元钱买面包，你的消费比例为5%。这是对边际消费倾向递增的最直白表述。

第二个心理规律是“资本边际效率递减”。

这个是从供求关系去说明的，例如你花1000元买个烤箱卖烤鸡。一个烤箱可以一小时能烤出300只烤鸡，一只烤鸡卖10元。你现在要扩大生产，你要买100个烤箱，这时候，卖你烤箱的人觉得烤箱好卖，开始进入卖方市场，开始提高价格1100元一个烤箱。你买完100个烤箱后，一小时能生产出30000只烤鸡，数量增加了，但是因为烤鸡多了，你要快速卖掉烤鸡，所以大降价，这时候你一只烤鸡卖8元。

用数学公式一算，以一小时为单位。

一开始：

300只×10元/只=3000元（收入）

3000元/1000元=300%（收益率）

扩大生产后：

30000只×8元/只=240000元（收入）

240000元/110000元≈218%（收益率）

显然，218%要比原来的300%低，收益率明显下降。

第三个心理规律是“灵活偏好”。

这个是指“钱多了，更不想花钱了，把钱存起来比较可靠”这样的心理认知，其中又包括三个因素：为了生活更方便，需要多点现金；开始对生存安全、环境安全担忧，觉得需要多点现金；更谨慎、对现有的利率不确定，打算留着钱等待更好多的投资机会。

凯恩斯用这样的三个逻辑解释经济危机产生的本质，简单说，就是“钱多了不是好事”，钱多了花钱却少了，钱多了钱却没有发挥钱生钱的作用。于是，他开始向自由经济宣战，得出市场经济不应该是自由的，政府要宏观调控。

于是，在那本世界三大经济巨作之一《就业、利息和货币通论》中，他将政策建议具体化，并特别强调财政政策的作用。强调政府要调节社会总需求（包括消费、投资、出口、政府对货物和劳务的购买），以实现经济稳定增长为目标，分别指出在萧条时期要减低税率、增加政府开支、实行赤字预算、增发公债、增加货币供应量、降低利率等以刺激投资和消费；在高涨时期则提高税率、控制政府开支、控制货币供应量增长、提高利率等，以遏制投资和消费。

经过凯恩斯主义者的鼓吹和影响，战后许多资本主义国家纷纷把充分就业和经济增长作为政策目标，推行凯恩斯主义的财政金融政策。这些政策虽然在战后50—60年代对刺激经济增长、缓和经济危机、减少失业起了一定的作用，但由于它没有也不可能解决资本主义所固有的基本矛盾，财政赤字、通货膨胀有增无减，而危机和失业并未消除，终于到70年代初，出现了物价高涨和大量失业并存的“滞胀”。

凯恩斯主义的核心是需求管理，即从总需求的角度来调控经济，刺激消费和投资，促进经济增长，这一点，从数学计算上天衣无缝，怎么算都是这样的结果。但是为什么凯恩斯主义还是不合理呢?

这里有个悖论，一个很重要的因素被忽略了，这正是凯恩斯理论的基础，这个因素就是，其实在经济发展的过程中，生产工具已经革新了，生产工具的剩余价值也在不断被创造中。

市场经济不仅是需求与投资的计算，用上面算式的例子来说，烤箱从1000元到1100元，价格提升的同时，效率也提升了，那就有可能一小时能烤出350只烤鸡。而烤鸡虽然是以8元卖出去的，但如果店家只卖了鸡肉，鸡骨头被作为饲料原料，又以2元/斤的价格卖出去了呢……这些因素在凯恩斯的逻辑里并不存在。

而那个“习惯手抓着金子插口袋走来走去”的男人熊彼特发现了。这个沉迷于私人研究的男人在1908年首次出版的《经济发展理论》中指出：市场经济的成功，主要并不是依赖于资本的积累，而是依赖于创新，而创新则是创业精神（大多数并不成功）的产物。

这样的创新包括生产工具物理属性剩余价值的诞生与创造。

在其1942年发表的《资本主义、社会主义与民主》中，熊彼特探讨了经济制度的可比表现以及它们与政治结构的关系。出于预见性（如果不是反传统的话）的原因，熊彼特对资本主义的长期前景持悲观态度。他认识到，资本主义的创新成功产生了收入与财富的巨大不平等。他相信，在广大知识分子阶层——资本主义的繁荣使这一阶级的存在成为可能——持续的带有敌意的助推下，不平等现象导致的愤恨，最终将毁灭创新动力本身。

和凯恩斯一样，熊彼特也预见到经济危机出现的可能性，不同的是，他把经济危机出现的因素明确定义为：“创新能力的不足，以及创新是间歇式的，具有不可控制性和非连贯性，中间的‘青黄不接’就是经济危机出现的原因。”

通俗地讲，熊彼特对经济危机的描述就是，企业家为追求利润、引入创新，他需要先从银行借钱，买生产材料，进行研究创新。而是否真的能创造出新东西来是不确定的，并且，不一定人人都是有勇气借钱冒险的企业家。这两个因素的不确定性，导致经济危机。

其次，由于创新的导入，经济活动变得非常活跃，从而带来繁荣。但由于某种原因，出现逆转，带来衰退危机的局面。如果没有创新带来的繁荣状况，就不会衰退，均衡体系也会保持原来的状态。简单地说，这一模型遵从如下过程：创新活动使企业家获得利润，并为其他投资者开辟了道路。创新引起模仿，模仿打破垄断。创新浪潮的出现引起经济繁荣，而当创新扩展到较多企业，赢利机会趋于消失之后，就面临经济危机。

创新带来了利润，但熊彼特也认为，超高速的创新有时候会是“创新式毁灭”，主要原因为新技术、新产品和新生产方式使旧的一切变得过时，强迫现存企业要么适应新形势要么宣告失败，资本主义就在以改革摧毁并替代旧技术和旧体系的过程中不断前进。简单说，就是创新是对老格局的淘汰与颠覆，新格局出现时，那些过了气的老东西，价值瞬间为零，这样的瞬间资产负债，引发经济危机。

在熊彼特的论断中，人人有危险。你不但要创新，你还得比别人创新得快一点。不然，你投入的钱可以在一秒内清空为零，这就是创新式毁灭。

这时候，我们才发现原来这个男人不把手从裤袋里伸出来是有道理的，这个悲凉的事实一经发现，堪称诅咒。

是啊，创新与呼吸存在，创新就是生命的运动。

那么，如何能在创新式毁灭中生存下去呢（退一步理解生存，多比别人呼一口气也是生存）？一个很土的观点出现了：变废为宝、化腐朽为神奇。

在倡导“每一个设计师都是社会学研究专家”的全球化产品设计公司IDEO中（目前IDEO公司有员工人数约550人，专注于不同领域，如人因研究、商业咨询、工业设计、交互设计、品牌沟通和结构设计等；客户群分布在消费类电子、通信、金融业、工程机械、媒体、食品饮料、教育、医疗器械、家具、汽车行业和各国政府部门等），我们或许可以摸索到保持持续创新源动力的方式。

我总结出简单的一句话：通过细致的日常生活观察，发现需求，并且否定一切已形成固定认知的物品，将不相干的东西联系在一起。

充分发挥你看似荒诞的想法：例如苹果，不是吃的，是空气清新剂、是除蚊器，有没有可能？又如，钥匙扣不仅是钥匙扣，还是个跟踪器，可以给老年痴呆症患者和5岁以下的儿童使用。再如，电视不是电视，是一个皮肤抗衰老理疗仪……通过大胆的假设，寻找创新的智慧。

当然，一旦你掌握这个创新的技巧，你就会成为物品剩余价值的创造者。

我认识一个出租车司机，他就是一个剩余价值的创造者。首先，他人品好，有固定的客户，从来不在道路上趴活，他会准时叫醒第二天有重要会议的客人，甚至他会给客人准备早餐（为了让客人多睡十分钟）；他有效地记录各个客人的信息，成为“社会活动专家”，为不同客人介绍有可能需要的朋友；他整合了身边的所有资源，虽然每天他还在开出租，但他在海南已经有了两块土地的储备。

人一旦找到自己的剩余价值，财富会来找你。

但想想也挺可怕的，一纸婚姻的契约下，丈夫不是丈夫，还应该是煤气管道修理师、家具搬运工、心理治疗专家、家庭营养顾问……

那么对于长期坐飞机的我又可以变换成什么角色呢？提前通知别人我的航线，然后做一个私密物体的传递员？空乘人员又可以做什么呢？增加收费服务项目，让女性乘客在飞行中享受个美颜SPA，会很不错。

那么，以后人类在创新的潮流中，会不会大脑越来越大，手脚越来越短呢？这是有意思的设论，来吧，享受创造性毁灭中的世界。

隐性关联：没那么糟糕

世界上一切事物都是有关联的，当你找到足够的隐性关联，并赋予这种关联以新的意义和价值，产品价格就会刷新多倍。

飞机起飞前，我身边的乘客做了个虔诚十足的双手合十的动作，接着是一阵祈祷，他的行为让我想起了死亡，脑海瞬间浮现了很多支离破碎的片段，那些与死亡有关的片段。引发死亡的原因，有很多。

2011年2月，新西兰，120头巨头鲸集体搁浅在新西兰南部斯图尔特岛海滩上，超过100头死亡。你或许无法理解的是，这100头鲸鱼集体死亡竟然是因为人的噪声污染。同样的，你有没有想过气候变化与飞机失事的联系？

曾经，我很害怕在候鸟迁徙的季节飞行。我总怕万一飞机在飞行途中与迁徙的候鸟相撞。

在人类飞行史上造成人员死亡的第一起鸟撞飞机事件发生在1912年，地点是美国北部。到1974年，世界范围内公开报道的因鸟击而坠毁的军用飞机65架、民用飞机9架，共死亡130人。

20世纪80年代以来，世界各国鸟击事件大幅度增加。美国空军发生的鸟击事件最多，平均每年2800起；英国空军每年发生700起；德国空军和民航年平均1200起；印度空军100多起。1993—1997年美国空军的鸟击事件每年多达3000起，经济损失约5000万美元；美国民用飞机的鸟击损失每年高达2.6亿美元，年停飞时间超过68.5万小时。据估算，全球每年因机鸟相撞付出100多亿美元的代价。

有物理学者用动量定理计算过一只小鸟撞飞机的冲击力——“一只小鸟相当于一发炮弹”：如一架飞机在空中以300米／秒的速度匀速飞行，而一只质量为1千克的小鸟以10米／秒的速度相向飞来，那么此时鸟相对于飞机的动量就为310千克·米／秒。机鸟相撞后这些动量几乎完全转化成了小鸟对飞机的冲量，而相撞时间又极短，约为3毫秒，那么由于机鸟相撞而作用于飞机上的冲击力约为103千牛，这无异于一颗炮弹的能量。质量为1千克的小鸟在与飞机相撞时的接触面积约为0.02平方米，所以飞机被撞击位置受到的压强就为5.15兆帕。目前的飞机材料大都经受不住如此大的压强，这是造成各种鸟撞飞机事故的直接原因。

所以，不管是不是候鸟迁徙的季节，只要天空有鸟飞过，飞机就是高危的出行工具，到时候，那句诗或许就应该改成“天空不留痕迹，飞机已然坠落”。

开个玩笑，我向来对低概率事件保留调侃的权利，一次完美的飞行在我看来是“小鸟撞飞机”的概率与“一飞机人员集体遇难”的概率结合，从常态来看，飞机还算是比较安全的。现在不讨论概率，讨论隐性关联。

所谓“隐性关联”，是指与事件解决无直接关系，却充当间接诱因的因素。比较拗口，举个例子，今天你媳妇生理期，有点不高兴，早上骂了你，你心情不好，开车的时候撞到运载孕妇的车辆，突然的震动诱发孕妇流产。在这个时间中，生理期就是整个时间的隐性关联（原谅我举这个残忍的例子，一般最直观的例子就是事关生死的例子）。

我第一次关注“隐性关联”是在一篇研究公共艺术创作的论文里，里面提了三个观点：

1. 公共艺术的主题应该与历史有隐性关联，毕竟公共空间属于群体的记忆；

2. 公共艺术的创作要与公众日常生活有隐性关联，毕竟公共艺术需要与人互动才有价值；

3. 公共艺术创作要与现存空间环境有隐性关联，不能破坏现有环境，而且要融合。

这三个认知应该是我对“隐性关联”思考的启蒙，而真正让我理解透彻的是一件发生在我身边的事。我的一位长辈，他曾经只想开个棋牌室，一个闭合的空间，放四张桌子，一群人坐下来打牌，一个人收10元。他怀揣这个朴素的理想，结果却开了一家烟酒糖茶小百货。为什么会卖烟？牌友要是要抽烟，还得去别的地方买，一个人看场地根本分不开身；为什么要卖茶叶？打牌时间长了会口渴，所以要泡茶；为什么希望打牌的人时间长点？因为一人10元，人员比较混杂，所以他希望调整为按小时收费，并且希望熟客常来；如何让他们玩时间长点？需要准备食品……于是，一家包罗万有的小超市诞生了……在日常经营中，商品买卖和棋牌收入有了互补，老先生接着申请了烟酒信誉品牌的认证；接着，很多人看他赚钱了，都纷纷盖起棋牌室，一些外边的客人为了买烟来到老先生的店，发现环境要比自己光顾的那家好，纷纷转移战场。没多久，那些陆续开起的新店都倒闭了，老先生的商店始终开着。

在这个实例中，从四张桌子到一家小百货，从设想到抉择是基于很多隐性关联决定的。而最终抵抗风险的能力，也因为对隐性关联的深度把握，得到释放。

关于隐性关联，之前的理论有很多。气象学家洛伦兹1963年提出的“蝴蝶效应”是广为人知描述隐性关联本质的理论。四年后，也就是1967年，美国社会心理学家米尔格伦（Stanley Milgram）提出的“六度分离”理论，“你和任何一个陌生人之间所间隔的人不会超过五个，也就是说，最多通过五个人你就能够认识任何一个陌生人”，说的则是人际关系的隐性关联。

我不想去论证隐性关联的存在是否合理，我想说的是，在隐性关联下，企业应该怎么做。

第一点：不要以单一时间点理解购买行为，要以周期或完整的时期去客观认识购买行为。

购买行为是一个完整的环，一环扣一环。有一句俗话：“要想鱼上钩，先要学会像鱼一样思考。”在我这里要优化一下：“要想鱼上钩，首先要学会像所有鱼一样思考。”是的，如果你生物学得好的话，你应该明白不同鱼生活在不同的水层：

生活在水上层的鱼主要有餐条鱼、鲌鱼等，它们食性杂，水藻、轮虫、水生昆虫、浮游生物都可充当食物；生活在水中层的鱼主要有鲢鱼、鳙鱼、草鱼等，翘嘴红鲌有时候也会生活在中层水域，它们是植物食性鱼类；生活在水下层（底层）的鱼主要有鲤鱼、鲫鱼、青鱼、鳊鱼、乌鱼、鲇鱼等，它们是杂食性或肉食性鱼类。

所以你要准备长短不同的线，以及不同的鱼饵，水层、线、不同类型诱饵其实都是影响你能否钓上鱼的因素，前提是，你不知道水塘里到底有什么鱼。

所以在选择贩卖什么产品、怎么贩卖时，首先要理解客户群贩卖前的心理变化、贩卖后的行为变化、贩卖时的个性要求等因素。

第二点：任何成功都不是一个人的成功，任何失败都不是一个人的失败。

要把产品卖出去，不一定要直接面对购买者，有很多时候，购买者与使用者是分离的。更多时候，购买者与使用者就算是同一个人，而这些人也会被其他人影响，对他们影响最大的就是家人。所以要卖好童装就得打动爱心泛滥的妈妈们。当然这个例子仅仅是针对消费者，比较肤浅与片面，我们不妨用理论去描述。迈克尔·波特（Michael Porter）于20世纪80年代初提出了“五力分析模型”，认为影响一个企业/品牌竞争力的因素包括五个层面：供应商和购买者的讨价还价能力，潜在竞争对手的威胁，替代品的威胁，现存竞争者间的竞争。

波特“五力分析模型”对上述五个层面的因素描写得很详尽，在此不多讨论。我想以供应商为例子，给大家找找那些“隐性因素”具体是什么。作为原材料供应商，以火腿为例子，它的隐性因素为：气候、日照、政府政策、生产工具变化、自然灾害、疾病瘟疫、税率等。如果你愿意去细分，还可以延伸到很多层面。

最经典的故事就是如何高价贩卖一款新培根：选的是什么猪，这种猪纯不纯，这种猪吃什么长大的，为什么是早上七点采摘的麦子，为什么要让猪听披头士的专辑，为什么要空运喂养猪的依云水，为什么必须预订航线……当你找到足够的隐性关联，产品价格即得以刷新多倍。

同样，用于竞争法则，两家咖啡店，同样口味的咖啡，一家卖10元一杯，一家卖15元一杯，在不改变口味、价格的前提下，15元一杯的如何打败10元一杯的？道理很简单，把世界上所有的咖啡豆买下来就好了。

第三点：通过人为手法，将隐性关联直接转换为决定性/决策性致命关联。

请允许我杜撰一个故事，现实中，这样的故事有没有？我相信一定是有的，只是很多人选择不相信，或者不愿意接受而已。

MR. Rich走入拍卖行的时候，拍卖品已经进入白热化竞争阶段，他安静地坐下来，一如他熟悉的后排靠右的位置。台面上的艺术品价格已经虚高了……但是忘记数字吧，艺术是无价的，因为它不可复制……拍卖师踮了踮脚，心满意足地看到MR. Rich坐下。“现在，请大家安静下……稍微冷静点……你们真的需要这件作品吗？你们真的有那么热爱它吗？好吧，现在，就容许我和大家分享一个故事。斯蒂文创作这张作品时发生在1865年的雨天……他的母亲遭他的继父抛弃后精神分裂……斯蒂文受母亲的影响精神一蹶不振，在那个雨天，他忧伤地看着窗外。他看见一个男孩偷偷跟着一个女孩，后来女孩发现了他，他把伞给了女孩，就跑走了……男孩因为太害羞跑得飞快……接着被车撞了……他成了残疾人……斯蒂文被眼前的一幕感动了，他发现原来爱的本质是无瑕，于是创作了这张一半忧伤一半纯真的作品，天空是黑的，道路却铺满阳光，一个女孩拿着伞在墙角下露出半个身影，一辆蓝色的小汽车留下尾巴。”拍卖师清了清嗓子，“大家看到画上写着的日期了吗？1865/6/18/，今天是147年后的6月18日，这也是这件作品压轴的原因……”

会场有人哭了，很多女士哭了。这时MR. Rich先生举了举手中的牌子，19亿美元。

一锤定音。

没有人理解MR. Rich为什么会出如此高的价格。同样，没有人知道MR. Rich刚出席完家族每年一度的聚会，1865年6月18日，他的曾祖父第一次遇见他的曾祖母。这是他们家族的秘密。

同样，没有人知道，拍卖师的祖母，曾经是MR. Rich家族的仆人。

画面上的日期，没有人追究真假，任何人都相信这个故事，毕竟，这个世界太需要安慰了。

世界上总有很多隐性的关联，我们找到它们，就可以利用它们，而生意就建立在关联上。

至于我那次飞行的结尾是这样的：飞机落地后，我安慰身边的男人一切都安全抵达了。他笑着对我说，他并不是害怕飞行，而是上飞机前他刚参加了一个同学的婚礼，想到自己同学结婚后见面机会就很少了，所以他在离开那座城市前必须为那对新人做一次美好的祷告。

听完他的话，我笑了。有时候，事情的真相，没想的那么糟糕。

拦飞机事件：参与的权利

消费者维权的本质，不只是要维权的结果，更多的是满足参与的权利。参与对每个人来说都是基本的权利，它体现了一种尊重，而非漠视。

我总是会在飞行途中进行人性层面的联想，针对思想与行为，我总是做以下关于可能性的设想：人从好人变成坏人需要多长时间？从一个温和的知书达理者到一个出手动粗的人需要几秒？飞行途中人是否会做出过激行为？哪种过激行为？导致过激行为的因素是什么？飞行途中一个正常的人是否会因为某类情况采取不顾生命的行为？

我带着这些问题，观察过飞行途中的人们。

经过长期观察，我发现，飞行途中最容易引发冲突（甚至唯一可能引发冲突）的因素无非是——晚点。因为闪电、雷雨、大雾等天气原因，飞机无法起飞，或飞机推迟起飞。天气，任何一个理性的人都明白，这是谁也无法解决（克服）的问题，哪怕口口声声说“人定胜天”的唯物主义者也无法改变天气的变化。换言之，这是个极好理解并让人容易接受的外因。

但恰恰在这样极其单纯的外因下，我看到一个抱着三岁男孩和工作人员大打出手的女人，我看到一群西装革履的男人被摆渡车拖着来回一遍又一遍之后，在安检处被雨淋了接近一小时后，直接冲出了停机坪拦飞机。接着，“拦飞机”的行为形成了群体维权的“多米诺骨牌效应”，在全国多个城市，三天内，陆续出现了多起“拦飞机”事件。

有人说，“拦飞机”是一种过激维权和规则缺席的行为，甚至有专家说：“过激维权行为的‘胜利’并不代表合乎规则和法律，虽然短时间内，双方都能从中获益，但双方的行为其实都在破坏规则，从长远来看，会造成博弈的无序，最终受到规则的惩罚。”

而我更关心的是“拦飞机”背后的经济学本质是什么？“拦飞机”的行为逻辑又是什么？“拦飞机”里所说的集体维权，维的又是什么权？

当我们捕捉“拦飞机”的行为信息时，不难发现这里有三争：旅客与航班之争（一个小群体和单一航班的矛盾冲突，到底什么时候飞？何时飞？能不能飞？）、旅客与旅客之争（重新调配的飞机来了，是我们先飞，还是他们先飞？这个排序按照什么排？）、旅客与航空公司之争（我们走不了的话，你想怎么赔？为什么赔这些？你们有明确的赔款说明和标准吗？我不认可你的赔款怎么办？）。最终，表现出来的过激行为只有一个诉求：“我们走不了，他们也别想走。”于是，停机坪成了私家花园，“拦机者”享受公众正义的私人时光。

从经济学上分析，这些事件本质上是“最后通牒博弈”。

所谓“最后通牒博弈”即是一种由两名参与者进行的非零和博弈。在这种博弈中，一名提议者向另一名响应者提出一种分配资源的方案，如果响应者同意这一方案，则按照这种方案进行资源分配；如果不同意，则两人都会什么都得不到。按照理性人假设，只要提议者将少量资源分配给响应者，响应者就应该同意，因为这要比什么都得不到好。但实际进行的实验则表明只有当给响应者分配足够资源时，方案才能通过。当然，当有多名响应者参与时，这一博弈就成了海盗博弈。

作为著名的数学问题，海盗博弈涉及比最后通牒博弈更复杂的基本假设和概率计算，在此，暂时不做过多探讨，这里主要说的是“最后通牒博弈”。

“最后通牒博弈”又称为非零和博弈，指的是博弈双方最终得到的不一定全是零，也有双方共赢的可能。而这样的可能是建立在响应方所认为的“满意”上，这个道理比较难解释。举个例子，A在路上拾到100元钱，从道德角度，A是不能把钱占为己有的，恰巧，这个时候遇到了B，并且看到这件事，A作为主要得益者要给B一点回报。至于B会不会告发A，A要给B多少合适呢？每人分一半，还是六四开？这就是“最后通牒博弈”。一旦B认可，那A、B两人分钱，达到双方满意。一旦B最后不认可，那么A、B两人均分不了钱。

“拦飞机”的行为本质就是乘客与航空公司、乘客与乘客之间的“最后通牒博弈”，并且选择了双方都得不到的结果。而这个行为的逻辑推理，还建立在“拦机者”所说的“大闹大解决、不闹不解决”的思维推理下，所以，最终选择规则缺席的极端冒险行为。

从“拦机者”的要求中，我们可以看出他们是要“维权”。那么，这样的“最后通牒博弈”到底是维什么权？真的是所谓的金钱赔偿吗？

某律协对航班延误纠纷所做的调查显示，乘客的诉求主要有四个方面：一是告知延误真实情况；二是更换航班或退票；三是提供餐饮、茶点、休息等服务；四是赔偿。其中前两者如果满足，后两者并不重要。

“拦飞机”事件的生长形态根本上是这样的（来自我的亲身经历）：因为天气原因，航班晚点，但乘客并不知道，他们还在保持好心情等待，生怕错过飞机；接着，发现飞机晚点了，开始询问航空公司的执勤人员，他们说不清楚，得等上头通知；这时，乘客进入第二轮的等待，于是一小时过去了，他们又问执勤人员，执勤人员的回答还是等上头通知；紧跟着，突然间，说飞机取消了。这时简直是晴天霹雳（本身天气就不好）……这样一来，等了一晚上四小时的乘客发现，结果是，我白等了，这四小时的时间我本来可以灵活地支配；接着，乘客开始问执勤人员，现在怎么办？是拉回酒店处理，还是等明天的消息？有乘客提议是否可以直接和您的上头通电话？是否可以立马把这里的混乱与孩子们的抱怨传达出去？执勤人员告诉你，这个还得等上头通知，你可以选择换别的航班；就在这个时候，比你晚一班飞机的乘客竟然被通知可以登机了……

这时就出现了逻辑推理不成立，我们等了四小时，为什么轮到的是他们而不是我们；接着，航空公司安排你去酒店休息，你无奈下之后去了……酒店并不高端（他们会说，太晚了，没有好的酒店，就将就一下吧），然后你无奈下接受了。并不好的睡眠后，第二天，航空公司要给赔偿，给你两百，说是按照误机两小时的标准，你马上联想到今天本来约定的会，以及需要处理的各种事件，如何兑换为你心中不可更改但又确已失去的价值？你开始问他们是否有赔偿标准，一个可量化的数据？航空公司说没有……这时候，原本一副斯文优雅的你再也控制不住了，于是吵架甚至肉搏即将上演……

这就是进入“最后通牒博弈”的完整过程。那么，愤怒的先生们到底维的是什么权？财产权？时间支配权？知情权？还是……

我认为维权的本质是：乘客对整个事件的参与权。整个事件中，从头到尾，乘客是被动的，所有人的参与权都是被剥夺的。在一开始因为天气晚点的时候，执勤人员耽误了乘客的知情权；接着，乘客与航空公司无法形成沟通，在那个飞机无法起飞的夜晚，疲惫而感觉无聊的孩子们哭声一片，乘客无法表达自己的心声，父亲看着自己的孩子一边说要勇敢要坚强，却偷偷流下内心的泪；再接着，航空公司的一切决定都容不得乘客的参与。从登记的规则、去什么酒店，到最后赔偿多少钱，都没有征求过任何乘客的意见，所以才会出现最终的不要命事件。

参与，对每个人来说，都是基本的权利。如果你想让一个人瞬间从正常人到疯子，只需要剥夺他的参与权。参与权的剥夺是迫使等级出现的最主要原因，也是最终的表现形式。

而对于被剥夺参与权的群体而言，安全感瞬间瓦解，恐惧感瞬间萌生。人最大的恐惧是对不确定事物的失控。孩子害怕打针、学生害怕考试、孩子害怕家长，很多时候是因为，不知道下一秒会发生什么事情。

一个智慧的国家，往往重视公民的参与权，甚至形成完好的制度保证每个公民的参与程度。正如："I do not agree with what you have to say, but I' ll defend to the death your right to say it."（我不同意你的观点，但我誓死捍卫你说话的权利。这句话是伊夫林·比阿特丽斯·霍尔所说的，但很多人以为是伏尔泰写的。其实，这句话是喜欢伏尔泰的伊夫林·比阿特丽斯·霍尔的名言，anyway，历史总是很有趣。）

当然，很多人只看到这句话对发言权/参与表达观点权的公平性的捍卫，却很少有人看到这句话本质的含义。这句话从行为来看，简单说就是：我不管自己认可不认可你（前提），但是我必须保护你说话的权利。我对这句话的解读是这样的：

第一种解读：我不同意你的观点，但是我捍卫你发言的权利。你的发言，或许会改变我的观点。你的发言，也是我最后发言的一部分。

这一种解读，放在企业管理的层面，就是"参与式管理"。

参与式管理是指试图通过增加组织成员对决策过程的投入，进而影响组织的绩效和员工的工作满意度。它构建于两个基本假设：一个是"社会人"，一个是"自动人"。

20世纪30年代，美国心理学家梅奥（E.Mayo）在霍桑实验后提出了“社会人”假设，认为人的工作以社会需要为动机，人们希望管理者能够满足自己的社会需要和自我尊重的需要。在梅奥的结论中，人必须将自己融入群体中，只有融入群体，并让别人感知到自己对于群体的价值，才是真正的自由。其中又包括：

1. 交往（现在所说的社交）是人行为的动机，是起源，人的一切理性与不理性的行为，都由这个动机掌握；

2. 工业革命与机器代替人手，使得人对于工作本身的认同失去感官，而开始转移到人与人在工作关系中的交往中获得认同感；

3. 自身对身边同事/朋友的社会影响力要比经济诱因和金钱更为重要（随后发展出马斯洛需求等级）；

4. 工作效率随员工的社会满足感而提升。

除“社会人”假设外，另一个假设是“自动人”，20世纪50年代末，麦格雷戈（D. McGregor）等人提出了“自动人”的人性假设，并结合管理问题，概括为Y理论。其中包括五点：

1. 人有主动工作的社会需求；

2. 大对数人对工作有自主负责心和责任感；

3. 能力的限制与惩罚并不能让人更努力（随后出现“信任与忠诚”的理论）；

4. 用激励代替批评与惩罚；

5. 每个人都有自主想象力和创造力。

在以上两点前提假设下，企业是应该重视参与管理的，而参与管理又代表着四大因素的平衡与优化。

权利的平衡与优化：让员工做决策，形成更好的凝聚力；

信息的平衡与优化：让员工更能了解影响决策层的信息，减少信息不对称，更容易形成统一步伐；

知识与技能的平衡与优化：主动让员工发现自身不足，主动在大趋势中自动学习；

报酬的平衡与优化：参与式管理将报酬细分为内在价值（让员工获得自我价值与自我实现的情感提升）与外在价值，内在价值的实现远比工资、晋升等外在价值对目标达成的效果优异。

从企业内部“参与式管理”兑换到市场外部，则是“参与式营销”，参与式营销是指在产品设计之前，就以目标消费者为研究群体，主动鼓励他们的创造力，根据他们要求调整产品细节，在产品亮相后，根据更多用户的反馈，调整产品。

参与式营销有着更多的亲和力和亲切感，真正让消费者觉得自己和商家是一家人。

第二种解读：我不同意你的观点，但是我捍卫你发言的权利。因为，通过众多个“你”的解读，可以证明，我的观点是错的。

这一种解读，放在社会学及经济学的角度，就是詹姆斯·索罗维基所强调的“集体的智慧”。

他的观点有个著名的例子，中国有盲人摸象，他找来一群人（数量很庞大）猜测一头大象（或者牛）的重量，结果发现平均值和大象的重量惊人地接近。并且，参与人数越多，越精准。用詹姆斯·索罗维基的话来说：“蚂蚁是低等生物，但蚁群却每每展现出非常惊人的集体智力。那么，作为高等动物的人类，其自组织构造而成的群体智慧也往往能发挥出非常巨大的作用。我的看法是，这种群体智慧其实并非生物学上的某种特殊构造，而根本上是一种自下而上的数学结构所导致的必然结果。”

这段话非常难懂，但不重要，重要的是，他提到了“自下而上”的数学结构导致的必然结果。在解释“自下而上”的结果时，他还提到一种机制，他的原话是这样说的：

“一个人单独完成这个任务的效果并不理想，但一群人共同做出判断时准确率就很高……

“有些人高估了硬币的数量，另一些人低估了它，但对所有判断进行平均估算得出的平均值就会趋近于准确值。这种机制很容易理解：每个人都观察着同一个玻璃罐，他们的判断都基于一个共同的基础。另一方面，每个人犯的错误都与其他人的错误无关，（在没有系统性偏见的情况下）这些错误的平均值趋近于零……

“然而，只有在每个人的观察相互独立、每个人所犯错误之间不相关联的情况下，降低错误率的奇迹才能出现。如果观察者持有相同偏见，就算将他们的判断汇总起来也难以降低错误率。允许不同观察者之间相互影响会减少样本量，进而影响小组估值的准确率。”

综合詹姆斯·索罗维基的理论和机制，为方便大家理解，我摘录三个词一一做解释：“自下而上”、“错误关联”、“偏见”。

先说“自下而上”，其实简单说，就是从统计中得出的结论。一切结论基于大量样本统计的结果。这是什么意思呢？我再翻译一下，我们都说星座很准确，知道一个人的星座就知道他的性格，但是其实你有没有考虑过星座的本源？对不同时间段出生人的大量性格、行为进行统计归纳出十二个星座，最后再用归纳出来的十二个星座的不同特点，来描述不同星座的人，这就是自下而上。

至于“错误关联”，这和前文说的“多米诺骨牌效应”相似，是指A犯的错误与B犯的错误形成因果关系，一个人的错误影响了一堆人的错误，最终形成集体无意识错误，这就是“错误关联”。

至于“偏见”，这里主要指的是经济学上的“系统性偏见”。在大众的潜意识里往往存在四种偏见，悲观主义偏见、就业偏见、排外偏见和反市场偏见。这四种偏见是经济学系统性偏见的诱因，也是影响着某个群体判断力出现集体错误的主要原因。

悲观主义偏见是：尽管经济学家们倾向于相信经济情况总体在不断改善，但大众往往感觉经济情况越来越糟，这解释了人们积极呼吁社会福利的现象。这就形成了一个观点，只要不是以大众利益为出发点的行为，都是不道德的。

就业偏见是：人们普遍认为就业率等同于经济发展的好坏，而职业经济学家将就业率为手段。于是，人们普遍拥护“保留岗位”或“创造就业”的经济政策的现象，认为一旦影响到大多数人的就业可能性，就是不道德。

排外偏见是：凡是涉及对外关系的经济政策，大众比起职业经济学家更倾向于朝着“外国人剥削本国人”的方面理解，这导致产生了大量贸易保护主义政策挥之不去的现象。

最后的反市场偏见是：指的是公众舆论会影响市场经济客观地发展，尽管经济学家异口同声地认为“供求”决定了价格，但大众普遍不以为然，这导致产生形形色色的价格管制政策大行其道的现象。举个例子，突然有一天你遇见了政府对西红柿的价格支持，西红柿价格提升了，接着你问你妈妈，你妈妈告诉你，西红柿价格必须提升，不然很多农民就破产了，以后西红柿价格要更贵了。这就是传说中的反市场偏见，人为的、公众舆论的偏见。

在这四种偏见之下，经济环境会形成系统性偏见。而詹姆斯·索罗维基说的“集体的智慧”，就是将大众分成单一的个体，让每个人不受任何人影响地做出判断，只要没有错误关联，没有群体型的系统性偏见，最终的集体判断是非常精准的。

所以，我经常说一个伟大的国家是能接受全民民主的，让每个人都发挥足够的判断力，对国家是一件好事，作为领导者不妨听听民众的意见。

在1945年7月17日至8月2日德国举行的波茨坦会议中，英国首相丘吉尔风度翩翩地出席三巨头会议，对即将举行的首相大选信心十足，凭他在大英帝国最危难时挺身而出，率领英国人民击退法西斯的海狮计划，并取得对德作战的丰硕战果，这次大选丘吉尔志在必得。

然而，选举结果却让丘吉尔大失所望，保守党只获得了197席，而工党却赢得393席，工党得以组阁，艾德礼出任新首相。丘吉尔狼狈回国，他走到王宫向国王乔治六世辞职。伟大的丘吉尔万万没想到，伟大的英国人民用选票将自己的伟大领袖选了下去。艾德礼以新首相身份出席下半段的波茨坦会议，英国政府命前首相丘吉尔随行担任参谋人员。丘吉尔屈辱万分，依然前往，世界所有国家舆论哗然。刚刚还是波茨坦会议三巨头的丘吉尔现在成了波茨坦会议的服务员。面对西方记者的话筒，老人是这样评价他可爱的英国人民的：“对本民族的伟大领袖忘恩负义是这个伟大民族成熟的标志。”

丘吉尔充满魄力与胸怀的一句话，体现了他对民众集体智慧的尊重。

最后一种解读：我不同意你的观点，但是我捍卫你发言的权利，我不仅要让你发言，我还要让很多个“你”、不同的“你”去发言。我同意不同意你的观点并不重要，我只是通过我的观点把你的观点引出来，只要他们同意你的观点，就够了。

在最后一种解读中，有着更深的谋划色彩。这是真正把主导权交给第三方的做法，通过大众的议论，引发更多的人关注、认可、传播并且购买。

这个观点是把评论当成一种免费的财富。这一点在互联网时代，电商、线上线下点评式贸易中尤其明显。作为商家，并没有花钱购买消费者的发言权（至少没有赋予点评者稿费），而点评者的发言往往从消费群的角度，影响着更多消费者的行为。

消费者更愿意听消费者的话，因为消费者是一个圈子，他们都是商家的目标，而把话语权交给消费者，也是一种变相的圈子型口碑传播。

事实上，民众的智慧是无比庞大的，任何商家只要利用好民众的智慧，把自己的利益与目的藏起来，往往会获得事半功倍的效果。当然，如果你纯粹去做满足民众发言的平台，也是一种良性的商业模式。

如果在现实中，我是一个矮子，但这不妨碍我在另一个平台上做一个思想的巨人。

打破参与的壁垒，就能构造全民智慧的土壤。而在智慧被认可的过程中，每个人都是每个人的国王。只有参与不再是特权了，一个国家才在真正意义上成为智慧的国家。

智慧是你、我、他共有的，找个方式，整合起来。

盲点引诱：乐观的偏见

在“乐观的偏见”中，人们总是过分强调自己区别于他人的优势：聪明、成功、富有魅力。而这恰恰是自己的心理盲点，会被他人利用，导致骄兵必败。

飞机即将起飞，身边有人上厕所，很急。

想起一则发生在火车软卧的笑话，这则笑话放在飞机上的厕所或者一切“封闭的空间”里也成立。故事发生在一列北京开往深圳的火车上，软卧，刚好一男一女，女的突然把门一关，对男的说，把你身上的钱都掏出来，不然我就告你非礼我。（现在，不妨想想，如果你是那个男的怎么办？）事实上，软卧里的男人只做了三个动作，一是摇头，二是指了指耳朵，三是拿出一只笔和一张纸，写下——“我是聋子”。女人写下：“你不把身上的钱给我，我就告你骚扰我。”“好的，现在你可以出去了。”男人拿着纸对女人哈哈大笑。

这只是一则笑话。

且不说男人有多聪明（虽然我们中绝大多数人想不到这一招），但我们从笑话里女人的角度分析会发现，她本来有可能赢，但最后输了。如果她冷静点，就可以分析出男人是否说谎。她太着急了，以至于根本无法思考：上火车前，男人是否有与人交流？一个软卧，刚好两个人，刚好遇见一个聋子的概率有多大？

这个笑话让我们感觉好笑，是因为我们觉得女人愚蠢，觉得自己比笑话里的女人聪明。但其实，我们每天都像笑话里的女人一样，总是过于乐观地让事情变得事与愿违。

我们并不比她聪明太多。不妨想想，我们有多少次临门一脚的时候把事情搞砸了？很多企业的决策性错误都发生在这“胸有成竹”的一秒，从心理学的角度分析则是：在结果即将呈现前，我们总会过分乐观，导致盲点呈现，最终引发致命的后果，甚至失去生命。

这样的乐观，又称“乐观的偏见”，存在于我们每个人的内心，甚至普遍存在于每一个种族、宗教与经济阶层。我们总是低估自己离婚、失业或者患癌症的可能性。我们期待自己的孩子是个天才，预设自己比同事更有前途，高估自己的寿命（最好多上几十年）。大多数人都在潜意识里认为自己会中大奖，80%的出租车司机都以为自己的技术比别的司机更高明。人类学家赖诺尔·泰格在《乐观：希望的生物学》中提出，人类之所以在进化中生存下来，正是因为我们对真实世界有着乐观的幻觉。相信现实会变得比它原来更好的希望驱使着人类去超越自己，发挥潜能。

在“乐观的偏见”中，我们总是过分强调（看重）自己区别于他人的优势：聪明、成功、富有魅力。这种本能让我们变得好胜而自信。从这个角度来看，它是带有鼓舞特质的正能量。但我们一旦过于乐观，甚至“自我膨胀”，对未来过于积极的预设让我们容易迷失方向。我曾经研究过“乐观的偏见”中“自我鼓励”和“自我膨胀”是如何抗衡的，后来我发现，“传播行为”就像催化剂一样，促使“自我膨胀”产生，让“乐观的偏见”变本加厉。

例如，当你对朋友夸夸其谈你成功的经验时，你就容易变得盲目自大（你要有自知之明，赶快闭嘴！），又如你对朋友大谈特谈你即将成功之事时，你其实已经提前透支了事情成功后将获得的成就感，而造成事情并没有按照你设想的去实现的原因只有一个：你已经提前感到满足了，所以你开始松懈了。

自我感觉良好让你失去了实现梦想的机会。

1926年，社会心理学的创始人库尔特·勒温称这个为“心理替代效应”（又称“心理幻觉效应”）。1933年，伟拉马勒发现“当你的目标被别人承认，在你脑子里就好比这已经实现了”。在2009年，皮特哥尔维策做了一个实验：他让163个人进行4组不同测试：每个人写下他们各自的目标，然后一半实验的人在房间里宣布他们的目标承诺，另一半人保守秘密。接下来每个人有45分钟来工作，他们可以努力工作直至实现他们的目标，但他们在任何时候也可以停下来工作。

实验结果：那些不泄露目标的人平均工作了整整45分钟，在这之后的访问，他们感到他们为了实现目标还有很长的一段路要走。但是那些宣布目标的人平均工作大约33分钟后就放弃了，当被问及原因时，他们回答他们感到接近目标了。

说出来就过时。如果想事情如意进行，请不要说出来。佛语有“天机不可泄露”，把未来之事说出来，称之为“违缘”，索达吉堪布在《自我教言略解》里更是直接点明：“恒需隐秘有三种：隐秘自己之功德，隐秘他人之过失，隐秘未来之计划。”我把《自我教言略解》的话理解成两个词：精进、卓见。简单说就是“低头走路，抬头看天”。

当然，上述是在讲如何规避“乐观的偏见”，而事实上，从成事的角度，我们倒可以利用“乐观的偏见”使得企业在谈判中增加成功的概率。在每一次谈判中，我们不妨想办法鼓动、释放对方的“乐观”而最终使得对方在“乐观”中成就我们所设计的事情。而当“乐观的偏见”遇到“有意图的定向传播”时，效果会更显著。

首先，我们要梳理一个逻辑：

1. 任何思考，无非是重组偏见的过程；

2. 把思考通过语言传达给别人，就是传播的过程，也是减少信息不对称、引发共鸣的过程；

3. 我们通过语言传播，鼓动对方的乐观偏见；

4. 人因为乐观的本能，比较容易接受赞美之语，而极少否认自己；

5. 通过认可对方，最终使得对方认可你。

正如美国杰出的企业家、作家和演说家奥格·曼狄诺所说的：“我赞美敌人，敌人于是成为朋友；我鼓励朋友，朋友于是成为手足。我要常想理由赞美别人，绝不搬弄是非，道人长短。想要批评人时，咬住舌头；想要赞美人时，高声表达。”赞美对方是友善对话的基础，也是诱导对方乐观本能的第一步。

而在具体谈判过程中，我们不妨在满足对手“乐观”本能的基础上，通过暗示式的提问把自己的想法和需要的答案暗示给对方，让对方按照自己的思路给予配合。

行为心理学专家指出，谈判中要明白“先声夺人”——第一个发言提问者往往胜算更大，毕竟很多人在你提出问题时脑海里并没有答案。

曾经有一个实验，让180个人看一部5分钟的MV。看完MV后，专家分成三组进行测试：

第一组：专家问：“画面上出现了一个穿红裙子的女孩子，对吗？”60个人里有37个人认为是的，另外23个人认为不是。接着，专家又问："画面上的气球一共出现了4次，对吗？"31个人认为是，29个人认为不是。专家问最后一个问题："画面最后是一个孩子的笑脸，对吗？"其中41个人认为是，19个人认为不是。

第二组：专家问："画面上出现了一个穿裙子的女孩子，她的衣服是红色还是蓝色？"60个人里有45个人认为是蓝色，5个人认为是红色。专家接着问："画面上的气球一共出现了4次还是3次？"26个人认为是4次，34个人认为是3次。最后一个问题："画面最后出现的是孩子的笑脸，还是男人的鼻子？"结果57个人认为是男人的鼻子，3个人认为是孩子的笑脸。

第三组：专家问："你一定是个擅长观察的人，所以画面上的女孩子穿的是红色裙子。"其中45个人认为是。专家接着问："让人欣慰，在你们其中一部分人的确是很仔细地看了MV，那么，画面上的气球一共出现了4次，对吗？"接下来，有41个人认为是。最后一个问题，专家说："很好，你们中已经有人两题答对了，那么最后一个问题是，画面是以孩子的笑容结尾的？"结果42个人认为是。

真正的答案是：蓝色、3次、男人的鼻子。

组别	问题一错误率	问题二错误率	问题三错误率
第一组	62%	52%	68%
第二组	8%	43%	5%
第三组	75%	68%	70%

在列表中，可以发现，第一组调研对象错误率都在50%以上，绝大半数人在面对问题时没有答案，一般的人很容易受提问的内容影响。这

里就有个很有趣的现象，在叙述同一样事情时，说话者描述方式不同会影响听众的认知。例如，如果我说，我认为世界上95%的人是非常值得我们信任的。你会认为我其实是信任你的，因为你把自己往95%的人中归类。而如果我说，我始终认为世界上有5%是根本不值得信任的。你则会觉得我根本不信任你。可见内容导向很容易诱惑人。

而在第二组调研结果中，我们会发现，一旦你给调查者多样选择时，对方往往会更理性地思考，让他们自己选择，这样，错误率大大降低。而在个别需要记忆的问题里，错误率上升，但还是有一定的正确率。

在最后一组调研对象中，三个问题都有鼓动“乐观基因”让访谈者内心自我膨胀的语境，错误率因为对象“自我感觉良好”而大大提升。而且，虽然是三个不同的问题，但错误的概率都保持在一定的区间68%～70%，而其实如果理性思考，错误的平均概率应该在50%左右，所以，可以得出一个结论：“乐观的偏见”强化了错误出现的概率，使得错误具有连续性。

当我们明白这个道理后，我们就可以充分利用对方的乐观天性进行“反问式诱导”了。

所谓“反问式诱导”，就是：不是直接对这个言论行为本身发问，而是对言论行为的前提提问。提问的结果使得对方行为的前提不能成立，达到否定该言论行为的目的。更详细的解释就是：它不是直接陈述一件事或直接说出说话人的观点、态度、思想、感情，而是通过对对方的言论行为的前提的提问，诱导受话人对提出的问题进行思考，引导受话人自己得出否定性结论，从而自己否定自己的言论行为。

例如：“难道你不认为我已经给你最优惠的价格了？”和“对于一贯精打细算的你，恐怕你已经看出我现在这个价格已经是最低了吧？难道你真的没有发现？”后者区别于前者，不直接说结果，而是诱惑对方去认可结果。当然，“反问式诱导”还可以通过连续发问的形式让对方按照你的逻辑思维去判断。例如：

1. “很明显，你那么聪明，一眼就知道我给你的价钱是最优惠的吧？”

2. “好像不是？难道你见过有比这个价格更低的吗？”

3. “那谁拿到了最优惠的价格？我和他很熟吗？有比你更熟吗？”

4. “为什么？你的情况和他一样吗？”

5. “所以，根据你现在的情况，我给你的价格是最优惠的了。”

不过，话说回来，对方对抛出一连串问题的本质在于构造一套“认可的逻辑”。在想得到对方认可前，不妨想想，如果你是对方，你会怎么想？

一切成功，都来自换位思考。换个角度，让自己冷静下来，看到自己乐观背后的盲点，让自己更智慧些。

真爱法则：退路抉择

真爱法则从竞争论的角度分析，恰恰又代表了破局的方式，没有退路，才有出路，唯有一死的决心，才能破釜沉舟。

飞机，从某种意义上说，是情侣们的天堂巴士，温情又浪漫。我每年1月或6月乘坐飞机时，由于寒假暑假的原因，往往能碰到一些结伴出行的年轻情侣。

作为一个爱情严肃论的倡导者，我始终建议把好感、喜欢、冲动、爱情分得很清。从某种意义上说，我是冥顽不化的老派爱情主义者。

我始终建议身边的人，不要太在意爱情，情感也只是人生的一小部分。而把爱情当成人生重心的人，往往都很难给人可靠、信赖的感觉。如果从人格的角度分析，过于注重爱情的人，是属于九型人格中的浪漫主义者。浪漫主义者有两大致命的弱点：痴迷于自我陶醉的理想状态以及骨子里的悲观主义。

这两种致命缺陷，是性格的缺失。自我陶醉往往让其自身行为成为一种更为私人的自娱自乐，想象最终往往被现实弄得遍体鳞伤，并且会形成“我不需要别人理解”、“你怎么看我无所谓”的孤芳自赏。这样的人，很容易众叛亲离，孤独终老。至于对悲观主义的热衷，一般都带有宿命论的“光环”，在浪漫主义者内心有一种不成文的逻辑：通过自我命运的悲情色彩，获得大众的普遍关注。

我不喜欢浪漫主义者，因为大家都很忙，没太多时间听你所谓的际遇、经历与得失。从经济学这个角度看，聆听者，牺牲的是时间。

衡量真爱，也需要时间成本。如何在最短时间内衡量是否是真爱？如何用最短时间判定那个人就是最终人选？

在说判断标准前，我先说说目前我听得最多的热恋者的抒情。某女说，他终于把我感动了，我决定和他在一起，那天下大雪，我加班，他在我公司楼下等了我足足四小时，最后把我送回家，我被他征服了。遇到这种情况，我笑笑。某女说，他让我觉得似曾相识，有一种亲切的感觉，我觉得感觉很重要，感觉对了，就爱了。遇到这种情况，我笑笑。某男说，第一次见到她我就特想保护她、照顾她。遇到这种情况，我依然笑笑。

有句很直白却很有道理的话：男人无所谓忠诚，只是背叛的砝码太低；女人无所谓忠诚，只是诱惑不够。另一句更直白的话：任何伟大的成功都伴随着更伟大的牺牲。

那么衡量真爱的准则是什么呢？用最短时间衡量真爱，是很刻薄的判断。

这样的判断，和“电梯演讲”一样残忍与冷酷。

“电梯演讲”来自麦肯锡公司曾经得到过的一次沉痛教训：该公司曾经为一家重要的大客户做咨询。咨询结束的时候，麦肯锡的项目负责人在电梯间里遇见了对方的董事长，该董事长问麦肯锡的项目负责人：“你能不能说一下现在的结果呢？”由于该项目负责人没有准备，而且即使有准备，也无法在电梯从30层到1层的300秒钟内把结果说清楚。最终，麦肯锡失去了这一重要客户。从此，麦肯锡要求公司员工凡事要在最短的时间内把结果表达清楚，凡事要直奔主题、直奔结果。麦肯锡认为，一般情况下人们最多记得住一二三，记不住四五六，所以凡事要归纳在三条以内。这就是如今在商界流传甚广的“30秒钟电梯理论”，或称“电梯演讲”。

如果放在飞机上，我把衡量真爱的问题，换成一个与飞机有关的问题，就会变得清晰、明了很多。这个问题就是：假设一个男人和一个女人，在一次飞行中相识，那么，他们需要什么样的相识情景和机遇，才能在下飞机后，许定终身，一辈子不分离（拥有长久的爱情）？

这道题的答案，其实就是衡量真爱的标准。

现在，我们不妨设想一下，到底在什么情况下，这对陌生男女才会永远相爱？

是一见钟情？是男人对女人照顾得无微不至？是男人帮助一个有心脏病的老人，充满了爱心与责任感，让女人感动了？其实都不是。

这个问题的解题，要从结果出发。长久相爱的结果是婚姻，婚姻是契约，契约又意味着权利与义务，感动、好感、喜欢之类的不具备切身利益的交换（真爱是很残忍和刻薄的），不是衡量标准，那是浪漫主义者的虚构。如果不结婚，他们要长远在一起最可能会是什么情况？

人人都知道，所有人的终点——死亡。所以，上面这个问题的答案就是：一场与生死有关的空难。想起了什么？Jack和Rose，泰坦尼克号。

所以，我的观点是衡量真爱的唯一法则是，看那个人愿意不愿意用生命来交换你。愿意放弃自己的生命，让你活下去。例如，飞机坠落前，只剩一个降落伞了，男人让给了那个女人，结果女人跳了下去，飞机落到海里，男人自救成功，两人终于在一起，海枯石烂，此生不渝。

一句话，足够具体和彻底的牺牲，才能换来足够伟大的真爱。

真爱法则在竞争论的角度分析，恰恰又代表了破局的方式，没有退路，才有出路。

在商业和资本运作中，也有很多情况是需要用真爱法则去衡量的。尤其在天使投资人与创业者的心理博弈中。创业者提供的是一个构思、模式和团队。天使投资人提供的是资本、经验、资源与对商业模式的建议与优化。决定是否投资其实和婚姻差不多，撇开商业模式、股权分配、是否存在对赌协议不说，第一点，本质还是看创业者团队，投资的是人。很多天使投资人有一条明确的原则就是：作为投资者，天使投资人要求创业者要将他所有的资金都投到这个项目上，除了养老婆孩子的钱其他要全部投进来，要求创业者一开始就全身心投入，不留任何退路。

天使投资人这是出自一种什么心理呢？无非是通过创业者自身的付出（牺牲），来判断创业者的毅力与获得更可靠的心理保障。

当然，还有一种被需要的主宰感。

好比爱情，如果一个男人连命都不要了，女人才不会学《苏州河》里的周迅，用一种悲观主义者的腔调一而再地问：“如果我走了，你会像马达一样去找我吗？会一直找吗？会一直找到死吗？……”

最让人受不了的是，在男人回答了“会会会”之后，她还劈头盖脸来一句：“你撒谎。”

所以，目前，还在爱情中自我判断的朋友，我建议你，如果真的纠结，就假装死一次。但如果你不敢的话，就愿赌服输吧。

空难机会很少，真爱不一定需要判断。毕竟，真爱是又残忍又冰冷的事。

话又说回来了，需要用死才能证明的爱，是真爱吗？有时候，我们总是在自我纠结中变得又自闭又寂寞。

我看着飞机上甜蜜如糖的年轻男女，真的祝他们幸福美满。

贩卖的是“快乐”

一切成功的商业模式，如流行音乐、商业大片、文化快餐，那些最快进入社会主流人群的，并且迅速被传播出去的，都是契合了“快乐”这一关键点。

如果你在节假日赶过当天最晚的飞机，又恰巧是大雾天，你将会在登上机舱的一刻，发现一群疲惫的人，一张张无奈的面孔纷纷写着“不快乐”，他们中的绝大多数都是因为生意、职业不得不在节假日远离亲友，寂寞飞行，他们绝大多数是高不成、低不就的中产阶层。

我曾经在对中产阶层（在中国一般称为中产阶层）的生活研究中提出一个词组——“高效的休闲”。“高效”指的是财富创造与资本追逐，中国的中产阶层正在这个急时代、快时代，马不停蹄地从中产阶层向富裕阶层转变，而他们却往往又有足够的审美与学识，他们内心渴望“休闲”，在财富创造中家庭情感的遗失，是中产阶层永远的痛。而对他们而言，“高效的休闲”又像是矛盾而美好的词，如何高效地创造财富，腾出时间来休闲？又如何将休闲的时间高效利用起来，做到“争分夺秒”的“休闲”？而“休闲”之后呢，是否短暂的休闲后又要迅速地投入工作，以获得更高效的工作？

在中国，如果你问我做什么生意一定会稳赚不赔，我一定说是做中产阶层的生意。一个理想的社会模型据说是橄榄型的，所谓“橄榄型”社会，是指社会阶层结构中极富和极贫的很少，中间阶层却相当庞大，基本特征是“两头小，中间大”，也就是中间阶层的数量和规模比较大，精英和底层的数量相对较少，这样的社会结构有利于社会稳定。中产阶层是维系社会稳定的基础性力量，他们是沟通精英与底层的桥梁和纽带，中产阶层庞大意味着社会经济资源的分配相对比较合理，阶层之间的矛盾和冲突也不会很激烈。

从社会学意义上说，中间阶层的壮大，使得对立的贫富两极成为一个连续性的排列，每一个社会成员都能看到拾级而上的希望，有助于舒缓贫富差距蕴蓄的对立情绪以及由此衍生的一系列社会问题。一个理想而恒久发展的社会，都希望是橄榄型，这就等于社会中的中产阶层是不断增加的（国家作为外力也会努力促使中产阶层的增长），所以，做中产阶层的生意一定是相对稳定的，至少有一个不断增加的客户群。

那么，聚焦到做中产阶层的什么生意呢？我会从“高效的休闲”这种中产阶层的矛盾心理出发，我认为能解决这样矛盾心理的生意关键词只有：快乐。我认为中产阶层是世界上最不快乐的一群人，他们的感性被压抑，被动着理性。无论是职业经理人、IT高手、银行管理者、基金管理人（以年收入30万以上为标准）……他们每天都面对棘手而奇特的各种难题，处于精神高度紧张的发条状态，他们并不快乐。

而我发现，一切成功的商业模式，如流行音乐、商业大片、文化快餐，那些最快进入社会主流人群，并且迅速被传播出去的，都是契合了“快乐”这一关键点。于是，我尝试以“快乐”为出发点去寻找那些藏在中产阶层内心的快乐，一些中产阶层需要的，但是一般人很难发现的“快乐之源”。

第一种快乐，是“短暂遗忘”。

这好比短暂的失忆，当然你也可以理解成“间歇性失忆”，指某段时间里比较容易忘记一些事情。如果你设计出一种能让中产阶层“短暂遗忘”自己（或者目前所需要处理的事务）的商业形式（内容），一定会获得成功。例如，某个低成本却以中产阶层家庭危机为蓝本出发，却又充满赏心悦目的旅行地推荐，以及笑点（可以很俗）频频不断的电影，中产阶层不是文艺青年，他们根本不会去严肃认真地去分析电影是否深刻，他们埋单，只是因为有那么一瞬间，可以放下，可以忘记一切需要处理的事，甚至可以把手机关掉，尽情欢笑。如果你有兴趣，不妨看看目前成功的商业电影，尤其小成本大回报的，都是让观众忘记自己，换个身份，让身心彻底地放松。当然，不仅是商业内容上的短暂遗忘，通过空间的设计，如类似飞越南极、银河探梦、深海潜水的短暂个性体验，也是不错的选择。

第二种快乐，是“彻底放下”。

这种快乐是“短暂遗忘”的2.0版本，比起作为旁观者、窥看者的场外观赏，“彻底放下”是指中产阶层完全忘记自己的社会身份，摘下以往的面具，真正地从普通人的角度来参与某类活动、聚会，实现快乐的可能。例如，某流行舞蹈在全球的狂欢，其实是通过一次次传播，打破了中产阶层内心的底线，在一个个名流、明星的重复下，中产阶层开始愿意改变一本正经的外表参与集体狂欢，而恰恰是在社会主流中产阶层的热情参与中，该流行舞蹈得到了二次传播，最终形成全球共知。而在这样的商业模式下，最主要解决的两个问题是，寻找一个合理的理由，打破中产阶层内心的障碍。当奥巴马都开始哼着某流行音乐时，你一定不会觉得它廉价。

曾经有人问我对双11光棍节、双12电商狂欢的看法。我认为，电商的成功在于找到了一个足够有说服力的理由，让世界上比较有消费能力的主流人群集中消费。什么意思呢？其实双11也好、双12也罢，无非都是打折产品的促销，实体模式有OUTLET，但是，如果你是处于事业上升期的中产阶层，你一定不愿意承认你是个打折货品的爱好者，因为，这样有损形象。但是，双11、双12的节日引导就不同了，它传递的是这么一个递进的逻辑：

1．“节日到了，我们需要通过物质安抚自己孤独的心”；

2．“节日到了，这么多人去抢商品，抢得到抢不到都考验着你是否有足够的运气”；

3．“如果你抢到了，那你就是运气足够好，机会青睐足够好的人”；

4．“节日后，和你身边的朋友分享你的战果吧，那可是让人羡慕的呢！”

在这样的一个逻辑建立之下，不难理解为什么电商赚得盆满钵满，其本质无非是集中化的打折产品促销，而它的形态却变成一种集体狂欢下的竞赛。而这样的竞赛是与中产阶层日常身份无关的，可以“彻底放下”的快乐狂欢。

如果你想做中产阶层的生意，不妨可以琢磨下，如何构造让中产阶层忘记自己的日常角色，却又有足够合理的理由去参与的项目。无论是跨过中产阶层，让富裕阶层提前接受，通过富裕阶层影响中产阶层（如上述奥巴马的例子），还是把购物当成一种竞赛，都是不错的选择。

第三种快乐，是“拯救世界”。

这种快乐是“短暂遗忘”的3.0版本，也是“彻底放下”的2.0版本。中产阶层处于事业上升期，他们有足够的学历，又正处人生上升的阶段，从知识结构、年龄大小的两个因素，他们符合这个模式的要求。但中产阶层是被职业禁锢的一群人，他们又恰恰有很多潜力。他们中很多都自认为可以“拯救世界”，所以，我们不妨设想如果有这样一款游戏：它不仅让中产阶层忘记自己的社会身份，可以在不出现真相（样子、形态、职位）的前提下参与，它恰恰又带着竞技的色彩（融合双11、双12把购物当竞技的特点），是真正意义上的把竞技与未来人类的发展挂钩，那么，它一定很受中产阶层的欢迎。

我对这个游戏的设定是这样的，在云计算、大数据的前提下，通过虚拟世界，以参数的形式将现实社会（城市、国家、国际）构造起来，每个参与者按照自己的知识结构和经历去选择角色，虚拟世界与现实世界唯一不同的是在“时间的把握”，它将把时间齿轮调快，参与者可以根据自己的经验和判断力生活和参与城市建设。把“时间齿轮调快”则意味着灾难、危机将提前出现，这时候，中产阶层成为带领社会前进、提前面临问题的一群人，在符合他们心理需求的层面上，让参与者思考不同于形式的人类问题。这样的一款游戏可以提前为人类整合不同处理灾难、危机的经验，对参与者而言，也不断在优化他们的思想，它甚至可以做成智库，为未来的人提供参考。在这样的游戏中，每个人都可能成为“拯救世界”者，而我们也通过游戏真正意义上实现虚拟世界与现实世界的融合，这也是未来科技发展的主流。而这样的游戏设定，也从真正意义上将中产阶层从一味追求成功、财富的不自由中解放出来，职业之外，你具备另一种身份，你在拯救世界，更多的存在感让你快乐。

以上三种与快乐有关的商业模式几乎适合所有人，我们在这个社会中，总是很容易把自己定位成某一类人，定位成某类工作的执行者，而我们常常忘记了，其实我们可以思考很多工作之外的问题，可以全身心地去感受生活，因一些看似低俗的段子欢笑，为一些幼稚的剧情哭泣。

我们也越来越多地需要集体的狂欢，更重要的是，我们也因为工作生活，慢慢忘记了自己其实就是人生的赢家。

我从不低估任何人的潜力，所有人在拥有生命前都是冠军，很多人在儿童时代写过以后要做科学家的愿望，当然还有一些人，明确而坚定地提出“活着就为改变世界”，他们提出了，我们信服了，所以，现在就开始行动吧。有意义地活着，是真正的快乐。

第二章

消费的真谛

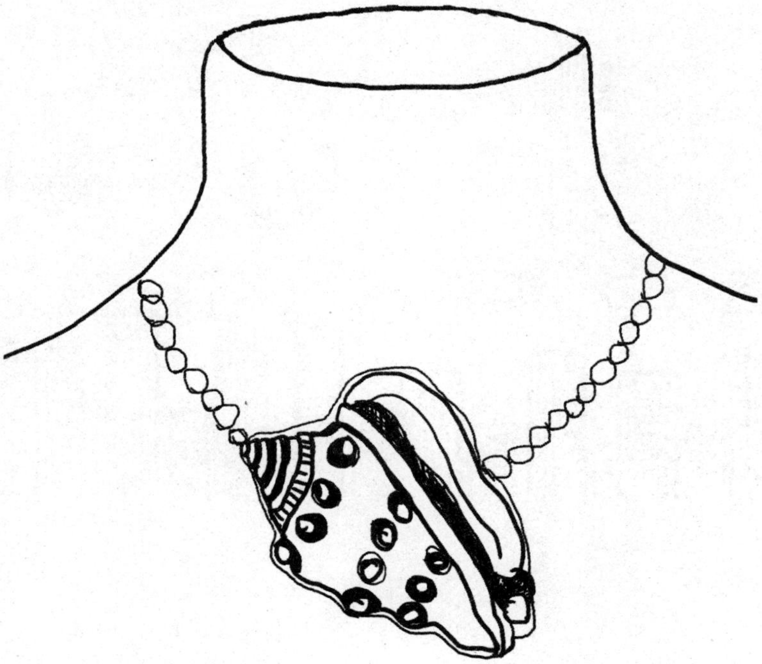

Idea
Economics
MAIN
300
2000
SUCCESS
MARKETING
45%
25%
30%
15%
7%
48%
CLOUD
sale
2000
internet

你可用的80张底牌

“鸿沟理论”其实就是效用理论，攻克前面约20%的人，你就能获得成功。换句话说，只要你随时能从你身边找出80个“听话”的朋友，他们就是你人生与事业的底牌。

当你翻开任何一本讲涉及“魔鬼心理学”或“商业头脑”的书，你会轻易发现以下一则商业经典：肯尼花100美元买了一头驴，却死了。一个月后，有人问：那头死驴怎样了？肯尼说：我办了一次幸运抽奖，那头死驴作为奖品，卖了500张票，每张两元，我赚了998元钱。农民问：难道没有人不满？肯尼回答：只有中奖的人不满，所以我把他的钱还给了他。后来肯尼成了肯尼公司的总裁。

几乎在所有的商业教科书上，都会对肯尼的商业头脑赞不绝口，认为他能把一个突发的“危机”转化为大回报的获利模式实在高明。撇开此类事件是否属于经济诈骗、肯尼的获利到底是898元还是998元、肯尼公司倒闭的原因不说，从一个价值投资者的角度看，这个段子其实可以剖析出若干个大家不曾关注过的问题：

肯尼是如何组织抽奖活动的？肯尼为了卖出500张票，又尝试找了几个人推销抽奖票？肯尼怎么卖出500张票的？每张抽奖券2元钱的定价是怎么出来的？那头驴作为价值100美元的奖品，它以100：2的比率满足消费者的博彩心理，如果是3元一张呢，是否可以同样卖出500张？这样一来，收益是不是可以达到1497元？还有，当中奖者发现是一头死驴时，是否对得到的退款补偿不满？2元退款到底是不是合理的偿还价格？以此剖析下去，如果中奖者把死驴的本质告诉当时掏钱的另外499名消费者，是否会引发集体不满？肯尼又应该怎么处理危机公关？（当然，如果真的是这样的话，肯尼完全可以说驴子，由于照顾不周，在抽奖时死去的，纯属意外。不过，这样的谎言只能说一次。）

上面罗列的问题，是肯尼完成整个事件所需要面对的核心问题。一切成功都是事后总结的，所以，当我们假设事件的成立时，我们应该注重到肯尼成功的本质——并不是转化了一种贩卖商品的模式（当然，这样的模式有点像“商品证券化”），而是在于他拥有一群忠诚的客户，一群不在乎结果、不考虑投资回报率、不在意事实真假甚至宁愿赔钱也要为他出资的忠实粉丝，肯尼所具备的推动客户行动的本质，才是这个案例中成功的关键。一旦满足了这个关键本质，我们上述的假设问题都不存在。换言之，你拥有一群死心塌地跟着你，哪怕你犯错，他们都愿意在你身上投钱的人，而在这个消费群中，他们不仅满足于你的产品概念，他们更认同你的价值观，换言之，他们为你在实现某种理想的过程中提前保留了失败的预算。

基于此，我们不难理解为什么说现在的商业时代已经进入了“营销3.0”时代，正如“现代营销学之父”菲利普·科特勒所说，“营销1.0”是以产品为中心、比技术的时代；“营销2.0”时代是以市场细分、目标市场和定位为关键点的时代；“营销3.0”时代是以人类的情感需求为重点的，关注价值观与内心需求的时代，它既不属于单一的产品差异化，也不属于目标客户群的足够精准与垂直市场的足够细分，它是一条完整的线，从价值观到产品、到消费者自我符号化，三点一线却又不断优化。

所以，当我们看马丁·路德·金的演讲，第一句是“I have a dream”（梦想是所有人都有的，梦想是不容置疑的），当我们看乔布斯时，我们也可以清晰看到他的三板斧的顺序如下：第一句，我坚信每个人都有存在的价值，活着就是为了改变世界（充分调动每个人的自信与英雄主义，实现价值观的统一）；第二句：我始终在追求创新，我始终在探索新生活方式的可能（成为践行者，在前进路上包括成功与失败，实现行为的认可）；第三句：在这个摸索的路上，我们创造了全新的手机，iPhone，给那些渴望生活方式革新的人们（最后，才开始建立产品与客户群身份的统一）。简单说，乔布斯的话是从“Why”到“How”再到“What”，从心智到行为到产品，层层虏获消费者。当然，你不妨把上述三句话颠倒来念一下，你就会发现结果是截然相反的，一上来就说产品，然后说你有多辛苦地去投入成本研发，最后说你改变世界的梦想，怎么说怎么显得荒诞，就更不用说是否有人相信了。

那么，接下来问题又来了，如果我们用乔布斯那一套去说服消费群，我们需要多少人听我们的，才能获得成功？

高科技营销魔法之父——杰弗里·摩尔曾提出过“鸿沟理论”，指的是高科技产品（一项新的技术运用）在市场营销过程中遭遇的最大障碍：高科技企业的早期市场和主流市场之间存在着一条巨大的“鸿沟”，能否顺利跨越鸿沟并进入主流市场，成功赢得实用主义者的支持，就决定了一项高科技产品的成败。在杰弗里·摩尔的“鸿沟理论”里，市场是由四类消费者组成的，他们并以特定的数值比例存在着：在集体社会中2.5%是革新者，13.5%是早期少部分采纳者，34%是早期接受的大多数，剩下的是34%比较晚接受的大多数和最后行动的16%。

这个2.5%：13.5%：34%：34%：16%的公式中有五大特征：

1. 比例的递增是发展的，按照顺序推进的，必然是由2.5%最先开始，然后是13.5%，接着是34%，各个数值之间是从左到右，层层影响，是不可逆的；其中革新者侧重点“与众不同”，他们富有冒险精神，追求变化是一直流淌于他们血脉中的使命，他们愿意为“不同”支付成本，无论是时间成本，还是财富成本，早期采纳者追求的不仅是革新，还有别人的尊敬，他们比起革新者使命感弱一点，虚荣心强一些；早期大多数采用者则有很强的“从众心理”，只要革新者和早期采纳者使用了，他们一般会使用。

2. 而在整个数据中，中间的两个34%是主流市场用户，一旦抓住这两个34%，你的产品就有可能垄断市场；

3. 最后的16%是最晚接受（不得以接受）的消费者，可以忽略不计，简单说成功的最大期望值就是占据市场的84%；

4. “鸿沟理论”就出现在13.5%：34%的中间，即早期少部分采纳者和早期接受的大多数之间，把“鸿沟理论”解决掉，就能从（2.5%+13.5%）向更多34%转变，最终占据市场的50%，而这个时候，你一般已经站在市场数一数二的地位；

5. 所以，“鸿沟理论”的数值就是如何抓住市场最早的16%，“鸿沟理论”的数值为：15%–18%。

在这五大特征中，我们也很容易算出开篇那个肯尼故事中他到底需要说服多少人才能实现500张票据的销售，最少值是500×16%=80（人），这种情况使他成功地解决了“鸿沟理论”，早期的80人实现了对后面34%、34%和16%的引导。换言之，只要你随时能从你身边找出80个“听话”的朋友，你就完全有机会实现肯尼的成功。

而这80个人，也将成为你人生与事业的底牌。所以现在，你不妨拿着笔列出你最信赖的朋友，看是否达到80个人。当然，如果你懂得运营自己的人际圈子，找到这80个人并不难。事实上，早在1992年，牛律大学研究认知与进化的人类学家罗宾·邓巴就提出过著名的“邓巴人数”：“不管是在新石器时代部落、罗马帝国还是现代企业里，150人始终是最常见的群体规模。”编纂于1086年的《英格兰土地志》也显示，典型的人类群体包括大约150人。他认为，这一规模的人类群体能够保持较高凝聚力，应对环境或经济压力。

近期，英国一项研究发明证实，对人类而言，不管你的社交圈有多大，人类大脑的认知能力决定一个人只能维持与大约150人的稳定人际关系，因此，人们无法通过社交网站扩大实际社交范围。

所以，有时候，朋友也不是越多越好的，关键看是否有用。找到80～150个真正的可以有成本避免你损失的朋友，尽力维系，就足以成功。

以家庭为消费单位

家庭成员是个体成员的数倍，把“以家庭为消费单位”的观念进行更深入的演绎的话，消费者基数瞬间就扩大了，你的商业模式和产品战略就可以创造出更多的价值。

如果你长期飞行，你会很轻易得到一张VIP卡，拥有这样一张VIP卡，空姐不仅每次飞行前会特定向你问候，在你一不小心提前抵达机场时，还可以进入VIP室，享受免费茶水、饮品，挑选精美的点心，当然，还包括从铺着红地毯的道路，找到属于你的安检绿色通道。

这一切听起来都非常合理，很多机场的布局也尽可能体现人性呵护。但是，问题来了（我总是给固有的现实做各种奇特的假设），一旦您不是单人飞行，而是拉着您三岁的小女儿怎么办？从VIP卡的角度来看，您是那些航空公司的服务对象，而您的子女不是，那么他们是否能和您享受到同样的服务呢？

我曾经以这个“VIP会员子女”是否享受同样的服务做过暗访，部分航空公司表示，金卡享受头等舱休息室并可携伴一名，而更多的航空公司服务人员会告诉您，暂时不可以，或者，他们还需要请示上级。

换言之，目前，绝大多数的航空公司是没有VIP会员的家人享受同样服务规定的。我再把假设做得丰富点，如果我带着三岁的女儿和快六十岁的母亲一起去登机呢？目前的航空公司对贵宾卡的规定，我认为是极其不人性化的。

但是，这个假设倒让我开始把问题引向另一个层面，我想对有抱负的品牌说——我们经常看大数据，通过数据猜测消费者的变化以提前预判市场，但是我们往往以单一消费者为研究个体，但这样的研究是有失偏颇的。在“人口老龄化”问题越发严重的今天，在众多国家开始面临人口基数问题鼓励生育的今天，企业品牌对数据的监控应该是以家庭为单位，而不仅是以消费者个体为单位。甚至，我认为在统计财富收入与制定国家的征税、社保与福利时也应该以家庭为单位，当然，一站到国家层面，话题就比较庞杂，我暂且以企业品牌的角度谈谈“以家庭为消费单位”的产品战略构思的利好。

很多品牌力求基业长青，但到了最后都不了了之，甚至突然死亡，很大程度上是因为企业的产品战略做得过于“精细”，缺乏支撑品牌的主流消费群，过于“精细”的“极少数派”消费群，往往会造成一个局面：过小的消费者基数，导致市场并没有留给你充足的教育时间。很多创业者失败时，都抱怨说：“其实，我觉得吧，还是很多客户喜欢我的产品和服务的，只是数量不够多，而且呢，新客户增加的速度缓慢，赶不上公司‘烧钱’的速度。”——其实，他并不理解，无论品牌存亡还是国家发展与人口基数都是紧密相连的（详情参考《人口基数与城市文明》）。

从这方面看，一旦你的产品策略定义为“以家庭为消费单位”，那么产品的消费者总量将增加3倍（以一家三口为例，当然还不包括三代同堂、四代同堂），这可以说是“以家庭为消费单位”的第一个特点。

其次，从“赢得市场”的角度，“以家庭为消费单位”其实是改变了竞争的规则。大家都很熟悉田忌赛马，三局两胜的道理在单一消费者中无法呈现，而在家庭制消费中则是完全有可能建立的。我在很多场合提过，所谓成功无非是增加确定性因素，让高概率事件多次叠加增加成功的机会。一个很俗的例子就是，一件事成功概率是1%，重复做100次，成功概率就是（约为）64%。而在家庭制消费中，不妨假设下，现在儿童用品如儿童牙膏、男性用品如洗面奶、女性用品如卸妆水，都是一个牌子。现在有三个品牌A、B、C，它们按上述次序，占有的市场份额分别为：A品牌45%、45%、30%；B品牌5%、50%、30%；C品牌50%、5%、40%。如果只比较儿童牙膏，C品牌是冠军，如果只比较男性用品，B品牌是冠军，如果单独比较女性用品，C品牌还是冠军。但是，一旦以“家庭制消费”来换算呢？在这里，就有两种算法：

1. 假设有100个家庭，每个家庭都包括一男一女一孩子，一共300个基数。那么A品牌的消费者总数就是120个、B品牌的消费者总数是85个，而C品牌是95个；

2. 以家庭成员全部使用一个品牌为比较对象，那么则出现“最小数值决定结果”的现象（只要比较最小数即可），那么A品牌是30，B品牌是5，C品牌5，意思是，在A品牌中，家庭集体使用该品牌的最大值是30个人，45%、45%与30%中，30%最小，所以叫“最小值决定结果”。

从上述例子不难发现，从单一产品来看，A类都无法排第一，而在家庭制消费模式下，A类就是第一。所以“以家庭为消费单位”的第二个特点就是：改变了市场竞争的规则，建立了全新的对比系统。

此外，从品牌忠诚度的角度来看，“以家庭为消费单位”的产品战略相对来说，也更容易建立。家庭关系是一切社会关系的开始，甚至是政治秩序的开始，日裔美籍学者法兰西斯·福山在《政治秩序的起源：

从人类时代到法国大革命》中曾描述说：人类政治秩序演变的第一步是“家庭或族团层次的社会向部落的过渡”；第二步是霍布斯的利维坦的诞生，即国家的出现。这是现代政治秩序的第一个组件。——“随着国家的出现，我们退出亲戚关系，走进政治发展的本身，从亲戚关系和部落过渡到非人格化的国家机构。一旦国家出现，亲戚关系便成为政治发展的障碍，因为它时时刻刻威胁到返回部落社会的私人关系。所以，光发展国家是不够的，要避免重新部落化，或我所谓的家族化。”从政治秩序的角度而言，现代集权国家始终在努力抵制的无非是基于家庭关系、血脉关系下“表亲的专横”对国家行政机构的腐蚀与侵略，而这种抵制，是现代政治秩序形成的第一步。

家庭关系是一种出自本能的、带有血缘特质的消费群私密关系，是人最基本的社会关系，这样的关系是根本不需要培养的，也更难以抵制。

简单说，你可以选择不听从某类品牌的广告宣传，但是你无法抵制你的妻子买下某个品牌的洗发水，顺便给你买了同样品牌的刮胡刀，以及给你女儿买下同样品牌的柠檬味儿童牙膏。从这个角度来看，“以家庭为消费单位”更容易让客户群自主形成大规模产品消费，这是第三个特点。

再换个角度，当从竞争者层面、替代品出现的维度来看，我们还可以发现，一旦以“家庭为消费单位”那么产品的革新周期会变长。我在这里还是通过数学模型进行分析，我们很早就学过什么叫“质数”、什么叫“合数”。质数就是2、3、5等，指在一个大于1的自然数中，除了1和此整数自身外，不能被其他自然数整除的数。而合数，指自然数中除了能被1和本身整除外，还能被其他的数整除的数。例如，$6=2\times3$，那么6就是合数，2、3分别是它的质因数。

我们用这个数学公式去理解“家庭制消费”的产品革新，假设儿童牙膏的替代品是以每两个月为周期更新换代，男性洗面奶的更新周期是3个月，而女性卸妆液的周期为5个月，那么作为一个家庭，要更换某个品牌，或者说，同时更换所有产品的时间将出现在2×3×5=30（月）后。而一旦你的产品战略涉及家庭消费者的各个方面时，还会出现五个最小质数相乘的结果：2×3×5×7×11=2310。换言之，一旦你成功地进入某个家庭，成为他们家庭之选，那么替代品进入的概率几乎不可能（当然，安全食品除外）。当然，如果你担心某类新品牌的确很好，例如某品牌的儿童牙膏的确非常好，怎么办？很简单，你把家庭套装进行捆绑式销售就可以了，买男性、女性用品免费送儿童牙膏，这样就会让新替代品的进入壁垒提升。基于此，“以家庭为消费单位”在抵抗竞争者和新替代品进入的层面更加安全，这是第四个特点。

如果你有心把“以家庭为消费单位”的观念进行更深入的演绎的话，你的商业模式和产品战略就可以创造出更多的价值。以下就是几个“以家庭为消费单位”的成功案例。

第一类是以减少成本投入为目的的家庭式捆绑消费。目前很多国际品牌都开始推出亲子装，例如阿迪达斯已经推出家庭版跑步鞋，缩小了设计的成本投入，但能换来批量的购买；

第二类是通过契合多个家庭成员内心需要的方式设计柜台。例如在儿童食品的柜台旁边，可以安放城市中坚阶层日常所需要的营养补给品。以3岁的孩子为例，商家完全可以推算出他父亲的年龄在28～35岁之间，这个年龄是事业的上升期，恰恰又是工作压力及身体亚健康问题出现的时期，所以不妨将儿童食品和成年人的营养品放在相邻的柜台，消费者的需求需要被创造；

第三类则是在商业业态布局上设计家庭制消费的行为路线。现在越来越多的商业广场已经不再单独强调SHOPPING（购物），而是强调一种

“SHOPPING AND MORE”（远远不仅是购物）的概念，开始往LSC的模式，即生活方式购物中心（Lifestyle Shopping Center）转变，这样的商业定位契合的就是“家庭式城市消费新体验”。而在做这样的LSC的业态布局时，有一个核心的运营关键点，那就是尽可能将儿童商品空间、儿童娱乐场所纵向化分散布置，每一层的每一个出口处都必须设置一个儿童娱乐空间，这样的设计，是为了让大人陪孩子娱乐时，能顺便逛完整个商业中心，以达到商业中心里不同店铺的平均客流量。有谁不想自己孩子开心呢，孩子的心愿，达到了按照商家设计好的路线“逛街”的目的。当然，也有不少有抱负的商业运营者，在不同的商业空间，有为老人设计的免费体检设施，真正意义上使得逛街成为“关注健康、关爱社会”等享受优质城市生活的好习惯。

我渴望更多的品牌企业关注“家庭制消费”，家庭是一个社会构成中的最小层级的团体，拥有大量安稳与幸福的家庭能让品牌更安全发展下去，对国家而言，也意味着稳定与安全。在我看来，更多的“家庭制消费”往往也能有效地解决目前很多中产阶层、财智阶层心中的痛——在财富创造过程中的事业与家庭不平衡，在个人价值追求中不经意间形成的家庭情感危机与亲情缺失。

娇惯消费者：释放透明信息

“娇惯消费者”可以这么做：不发生实际人力成本，在资金成本增加的前提下，通过信息的加工与处理，来引导消费者更冲动的购买。

我们经常听到这样的说法：第一条，以顾客为上帝，顾客没有错误；第二条，如果顾客有错误，参照第一条。某电商提出B2C（商家到顾客模式），电商本质是“娇惯消费者”，并提出从服务的快捷性和价格的优惠满足消费者的期待。我个人认为，以服务和价格建立消费者的品牌忠诚度无可厚非，但显然，如果对“娇惯消费者”这一行为的理解仅停留在服务与价格方面，未免有些太肤浅了。

有句俗话说：遥控器推动人类进步。其观点认为，每个人都是享乐主义者，而“懒惰”是享乐主义的目的，美国的迈克尔·弗洛克在《享乐主义手册——掌握丢失的休闲和幸福艺术》中更明目张胆地指出“好逸恶劳的人站起来！”这么一来，人就变得越来越懒了，最终就如科幻作家所描述的，人类的终级形态是章鱼——剩下庞大的脑袋和纤细的手脚。在“懒惰”的命题下，越来越多品牌开始强化服务的便利性，巴不得什么都是第一时间，如30分钟内送餐要到达，30分钟内抵达不了半价优惠，一切的一切，都让人越发没有耐心，让社会成为“急社会”。从这一点来看，“娇惯消费者”的第一层含义是，让消费者变得更娇气，变成放纵自身懒惰坏习惯的小祖宗（衣来伸手、饭来长口）。我们都知道，坏习惯不好改，好习惯不好养成，所以在不想改变坏习惯时，你会对某个品牌很忠诚。现在甚至有品牌已经通过订餐电话记录你每次喜好的口味以及你家庭成员的构成。

但，我想说的是，如果无尽地用服务和姿态“娇惯”消费者的话，成本很高，是很笨的一条不归路，在强化服务本身的过程中，其实犯错概率在变大（服务客户群越多，错误率就越大，一句俗话，你不做一件事就永远不会犯错），一旦人力配合、某次服务出问题，就会形成品牌伤痕，则需要用更多的成本重新恢复品牌信任。

所以，作为一个理性的经济研究爱好者，我更愿意在“娇惯消费者”上多加几个条件把这个概念约束起来。我所理解的“娇惯消费者”是指：不发生实际人力成本，在资金成本增加的前提下，通过信息的加工与处理，培养消费者自以为是的挑剔，哪怕这些挑剔无关紧要。

在中国品牌道路上，也早有前辈是这么做的。例如，27层纯净的乐百氏，当然，它只做到了以先声夺人的方式建立纯净水的标准。它离我所谓的“娇惯消费者”还相差甚远。

在这里要说一个词——“透明”。我的观点是建立在商品信息的透明（甚至过度透明）的基础上的，我的手法是，通过消费者无法感受到但又是客观事实的信息，引发消费者对商品价格的高估。

什么叫商品信息透明化？简单说一下，我们中医药里有很多是秘方药，出自保护的目的，一般包装盒上只写主要的成分，一些独家的配方隐藏起来了，这就是商品信息的非透明。下面举两个例子。

第一个例子是飞机票。

飞机票的定价非常复杂，假设航班有10个座位（为方便理解，我们就以10为基数吧），首先它要确定，每次航班中，高消费的座位有多少，中档消费的座位有多少。经过一轮分析，发现市场可以支撑4个高消费座位，6个中档消费座位，然后就按照4：6做定价。在高消费座位里，他们又得经过一轮统计，例如，500元一张票可以卖出10张票，520元一张票可以卖出10张票，550元一张票可以卖出8张票，560元一张票可以卖出7张票，660元可以卖出5张票，680元可以卖出4张票，690元可以卖出4张票，700元可以卖出2张票……那么，他们就会以520元为基点作为中价票的定价标准，以690元作为高价票的定价标准。在销售环节，又按照贩卖时间不同，不定期地放出不同的票，例如提前一月预订的，你可以获得6个中档消费座位的票，所以提前预订，很便宜；到了飞机起飞前七天，开始以高档票为主要销售对象，其中陆续放出中档票，到了起飞前一天，基本是高档票……航空公司就是用这个原理操纵机票的价格的，当然，其中要比我所说的复杂很多。目前，中国的飞机票定价还是基于上述模型。

在这里，飞机票的定价根据还是基于市场的消费能力与客户群的内心要求，严格意义上还是买方市场，那么是否可以通过我所说的信息过度透明化将价格大大提升？

下面的航线中，两个价格你会选择哪个？

A：北京—广州：机长一名，34岁，持续飞行90万公里无意外；副驾驶一名，就职1年；空姐三名，就职1年。票价500元/张；

B：北京—广州：机长一名，34岁，持续飞行90万公里无意外，曾就职于空军特勤队，处理过七次飞行突发事件，在五次恶劣雷雨天气飞行中均无意外，曾入围英国女王接待专职机长；副驾驶一名，就职1年，曾就职空军指挥部；空姐三名，就职一年，其中一名曾学过心脏急救训练，一名为心理咨询师，一名曾为婴孩护理医师。票价650元/张。

你会选择哪一个？我想绝大多数人会选择B。

事实上，A、B方案都是同样的团队，只是信息释放的程度不同。可见，信息是减少不确定因素的关键，但是信息也是引发人去联想的诱因。在并不改变成本预算的前提下，信息的过度透明化，往往可以强化用户的心理价位。而事实上，什么心脏急救、心理咨询、婴孩护理，一般乘客也用不上，至于恶劣雷雨天气飞行概率也很低，从安全的角度，天气不好直接就取消航班了。

在理性主义者看来，这些信息的本质是无用的，因为两个团队一样，但这些信息却影响了你对价格的认定。

第二个例子是苹果。

A：含糖量80%，采摘于山东文登，口感清脆，48小时内品尝最佳，10元/斤；

B：含糖量80%，除糖分外还有多种软化血管的微量元素，如维C、维E、多酚和黄酮类物质，占到14%，产于山东文登。作为中国养老之乡，文登空气指数长年25，非常优异，作为中国长寿老人之乡，这里上百岁的老人有一百多名，他们都喜欢吃这类苹果。还有，这类苹果种植用的水就是文登母亲河的水，当然，目前还没有数据证明吃这类苹果能长寿。此外，这类苹果口感清脆，从采摘到现在不超过24小时，非常新鲜，15元/斤。

你更容易接受哪种？

选择A类苹果的人，是对自己行为很明确的“买苹果”的人，而选择B类苹果的人，更多人是抱着尝鲜好奇的目的，他们很想知道，那些百岁老人爱吃的苹果究竟是什么味道，在品尝到苹果的那一刻，他们会做一个长寿的梦。

但事实上，A、B两种苹果是同一类苹果，本质没有差异。

所以，很多时候，信息过度释放是引导消费者的自我联想，例子A中对突发事件的联想、对未知情况的预警式提示，更多的是“恐吓型营销”的手法；而例子B中对产地的历史介绍，更多的是对商品之外价值的引导，体现的则是“欲望型营销”，但不管是哪种，前提都在于通过将不发生实际成本的客观信息放大，培养消费者内心敏感而挑剔的娇气。

这才是“娇惯消费者”的本质：通过信息的释放，有意识地引导消费者的购买行为。

吉芬物品：打折与返现

吉芬物品（Giffen Good）与收入效应的紧密关系在于，我们制造或者强迫某些物品变成吉芬物品的目标时，就是要让消费者愿意把资金用于利润更大的商品消费中。

关于吉芬物品，有点像一群好学生里面的捣蛋鬼，他上课不好好听课、大声说话，但作为班主任你还不能开除他，道理很简单，他是教育局局长的外甥，后台很硬。是啊，后台不硬的孩子也不敢在课堂上和班主任对着干，重要的是，他的后台不止这一个，这个班的班主任，更不敢开除他了。

我的初中时代的确有那么一位同学，他用了六年的中学时光快乐与疯狂，最后成为一个出色的DJ，他笑称说这是他中学时代的成绩。据说，那六年，他几乎听完了全部的流行乐。

如果你能理解当年我们班主任的苦恼，你就能理解吉芬物品的特殊性了。

吉芬物品，准确地说应该叫“吉芬的土豆”。1845年，英国经济学者罗伯特·吉芬在爱尔兰观察到一个现象：当土豆价格上涨的时候，人们消费更多的土豆。这个现象就是著名的“吉芬悖论”或者“吉芬矛盾”，土豆这种商品就被称为“吉芬物品”。

为什么用好学生中的捣蛋鬼比喻“吉芬物品”？是因为这类物品并不符合人们日常所了解的需求定律，即吉芬物品作为一种商品，在价格上升时需求量本应下降，反而增加；在其他因素不改变的情况下，当商品价格上升时，需求量增加，价格下降时，需求量减少。

举个例子，首先，我们做个基础假设：你手中有100元，土豆5元一个，肉20元一斤。

◇ 在日常生活中，你会买16个土豆（花费80元），1斤肉。

◇ 但是现在土豆变成4元一个，你会买15个土豆（花费60元），2斤肉。

◇ 而当土豆变成5.5元一个时，你会买18个土豆（花费99元），不买肉。

从上述降价、涨价的过程中，出现一种现象，土豆越贵买的人越多。作为需求曲线中的异类，吉芬物品在这近十年来，引发中国经济学家就需求定理展开了一场争论，参战学者之多，讨论时间之长，影响范围之广，较为罕见。其中，张五常等学者坚持认为，需求曲线必定向下，现实世界不存在“吉芬物品”。黄有光、汪丁丁等学者则认为存在向上倾斜的需求曲线，认为存在“吉芬物品”。也有人认为，将吉芬物品放入需求曲线中去争论，是混淆了“意图需求”和“实际需求”。前者认为吉芬物品不存在的，价格高、需求低，其实指的是意图需求；而后者认为吉芬物品存在的，即价格高、需求高，指的是实际需求。意图需求是指消费者的意愿与喜好，经济学假设消费者都有对涨价的厌恶；而实际需求是指出于心理需求（不一定喜欢，而是不得不买、恐慌性购买、为求安全购买）而发生的具体购买行为。

经济学对吉芬物品也有清晰的定义：吉芬物品是一种特殊的低档物品，它的收入效应的作用很大，以至于超过了替代效应的作用，从而使总效应与价格呈同方向变动。这里有两个词，收入效应与替代效应。按照我上面的假设，土豆从5元变成4元时，你减少一个土豆的消费，其实使得你的整体收入（可用于买猪肉的钱）多了20元。这就是土豆的收入效应。而你不管价格如何变化，土豆都是必须买的，替代效应是指因该种商品名义价格变化，而导致的消费者所购买的商品组合中，该商品与其他商品之间的替代，称为替代效应。在这个例子中，土豆越贵，越不可替代，所以土豆作为吉芬物品的代表，体现了收入效应大于替代效应的特点，最终价格越高，购买量越大。

不管土豆是不是低档商品（或者说是廉价的商品），作为商家，都喜欢吉芬物品。而要成为吉芬物品的标准只有一个：成为社会上绝大多数人必须且不可替代的物品，例如房子。往往房价上涨时，人们会恐慌性购买。

事实上，很多商家努力在做的是，如何让商品看起来像1845年的土豆，努力提升商品价格，却很少有人看到吉芬物品的另一面，即降价后，人们更愿意减少消费土豆，而消费猪肉。现在，我们把上面的基础假设改一下：

消费者手中有100元，土豆5元一个，肉20元一斤，你是商家，当土豆5元一个时，你的利润是1元，而你的肉的利润是10元，接下来，再看看刚刚设定的两个结果：

◇ 在日常生活中，消费者会买16个土豆（花费80元），1斤肉，你的利润是26元（16+10）。

◇ 但是现在土豆变成4元一个，消费者会买15个土豆（花费60元），2斤肉，你的土豆利润是0.8（土豆降低1元后的利润）×15=12

元，肉的利润是20元，一共为32元。

◇ 而当土豆变成5.5元一个时，消费者会买18个土豆（花费99元），不买肉，你的利润为1.2（土豆涨价1元后的利润）×18=21.6元。

这么一来，你会发现其实土豆降价才是王道，其实这才是吉芬物品的本质，想尽一切办法降低吉芬物品的单价，其实可以刺激消费者的非主流消费、高额消费。当然，你可以说我耍滑，谁知道土豆和猪肉是一个商家啊……但是，你有没有可能同时成为土豆和猪肉的商家？退一步讲，如果你现在是一家大型商场的运营总监，如果你又恰巧面临圣诞节、元旦、新年的促销季……那么不妨尝试一下，制造吉芬物品。

采取一些行为前，别忘了吉芬物品与收入效应的紧密关系，我们制造或者强迫某些物品变成吉芬物品的目标，就是要让消费者愿意把资金用于利润更大的商品消费中，而在持续的传统节日到来之前，你要做的就是选择合适的优惠手段，以及，制定真正具有驱动力的价格体系。

很多人问过我对商家而言，打折和返现到底哪一种更好？

很多人支持打折，他们认为打折一目了然，直接按商品的价格而折算后付款的，看起来非常公平。而我认为，返现更好。首先，当节日来临，常规衣物的购买成为主流，衣物就变成吉芬物品，直接折扣的话，只是做到了吉芬物品的降价，还没有引发人们对其他物品的消费，换言之，人们以买土豆的心进入商场，还不一定是要买猪肉的。而返现呢？一是增加了沟通的可能，在返现中，我们不妨告诉消费者这些钱可以买什么，这就是"制定真正具有驱动力的价格体系"，如果买1000元的衣服，返300元（实际上是7折），那么我们主要在返现的同时告诉他们，最近有一款手表也再打折，只需要350元，那么最终消费者会再加50元，买下手表。二是为什么消费者一般都会再加50元买下手表？我曾经做过一个调查，商场里近80%的人会把返回的现金直接消费掉（甚至想办法消费掉），我一直没明白他们到底是什么心理，后来我才发现，其实消费者掏出1000元钱购买时，他心里已经做好了损失1000元的准备，而不会通过计算认为自己只支付了700元。如果不采取返现，而采取打折呢？消费者可能就只会掏出700元，没有最后的300元和50元。

当然，返现和打折本质还有一点不同的就是，返现的形式，无非是先掏钱，再还钱，接着，告诉你稍微掏点钱，还可以获得更多。其目标在于变相地提高消费者的购买意愿，提升整个交易活动中的现金流。对于某些商家不以消费单一商品就返现金，而以消费到一定数额再返现金的规定更是如此，1000元返300元，3000元返1000元，10000元返4000元等，其目的是希望消费者多掏钱，并且在购买中，让他们购买到的商品全部看起来都像“吉芬的土豆”。最最重要的是，这样的现金流，是消费者自发的，不是靠多印钞票就能在市场流通的。

心理满足：定价策略

品牌为什么是高价位？其实这个问题的答案无解。价格取决于你的心理预期，在这个问题上，价格成了没有标准的心理价位，你觉得它值，它就值。

在当今社会，我们是否可以为任何东西定价呢？销售方与顾客很多时候都在进行最后通牒的博弈。我时常琢磨在飞机上是否存在交易，当然这里的交易是存在于乘客之间的。

我设想过一个尴尬的问题，假设一个母亲和一个两岁的女儿同时乘坐一班飞机，而因为时间的问题，她们并没有订到相邻的座位。这时，如果你是母亲，你愿意花多少钱与你女儿身边的乘客调换位置？事实比较美好，一般人出自人性道德，都会免费换座，而如果非要定价呢？假设一张机票是800元，你愿意支付200元？600元？还是800元？

其实这个问题的答案无解。价格取决于你的心理预期，在这个问题上，价格成了没有标准的心理价位，这里主要聊聊心理价位。

我关注心理价位是在十年前，但与心理价位接触是在小学五年级。

这里要介绍下我的家乡，我的家乡是一个曾经轰动一时的矿区，在某种意义上，是一个外来人口聚集地，来自五湖四海的工程人员、化学人员、机械研究专家汇聚一堂，为国家的建设出谋划策。那些在特定时代的高端知识分子，他们的后代，从小也对数学模型（虽然那时候还不知道）有着天生的敏感（现在他们有一部分人是银行高管，有一部分人在玩对冲基金，至于还有一些人在做金融衍生方面的研究……至于我，是流放者）。

那时候我们已经对异性有了本能的冲动，但是作为小学五年级的学生，我们总不能说："同学你好，做我女朋友吧。"于是我们几个男孩发明了一种游戏。就是每人各出2元钱，5人总共10元，买一份礼物。我们特意强调平等，然后通过石头剪刀布决出优胜者，优胜者作为我们的代表，把我们共同出资的礼物送给我们都喜欢的一个女孩。最后，看那个女孩的反应，看她喜欢谁。

在这个游戏中，我们所有人都无比开心与期待，10元钱在那个时候已经可以买到贵重的礼物。我们都觉得这样的规则公平合理，也甘愿参与，虽然事实上，那个女孩一直没有给我们任何回复。

我是在那个游戏中，发现个人与集体是存在一种共赢的模式的。2元钱的小投入，任何一个参与者都不存在损失，而最后的结果，也是大家能接受的，因为都在期待中得到了快乐与满足。

接着，在我初一那年，开始接触到了彩票，我的英语老师有一家投注站，每天我看到络绎不绝的人群为福利彩票出一份力。我发现彩票也是一种共赢的模式。在我高一那年，我的生活里开始出现了保险一类的东西，我的母亲开始购买保险，说是为以后做好保障。而我真正理解保险是在高二的政治经济学习中，保险作为一种风险平分的物品，其实是建立在人对灾难的自我保护基础上，虽然我们知道灾难的概率很小，但我们还是甘愿为可能的灾难出资。这时，我发现保险其实也是一个共赢模式。

我开始尝试通过数学去分析这样的共赢，试图找到一条等式。后来我发现，这样的等式，如果从物理属性上来看，是根本不存在的。从物理层面讲，每一个单体都在支付，除了中500万或者极奇特的意外，长久下来，所有人都在支出。用数学描述，永远都是负数。那么，为什么我当时会觉得是出钱方和组织方的双赢呢？

这个问题纠结了我很久，直到有一天，我发现，我忽视了支付后的心理感受。在五年级的游戏中，我用2元买到一个满足面子及女孩好感的可能性；在彩票中，我们买到对期待中奖的幻觉与希望（生活太需要希望了）；在保险中，我们买了到灾难跟前的隐形安慰……

所以，我发现人会为心理感受埋单，为心理感受支付的金钱，就是你的心理价位。

后来，在我读到很多“心理物理学”、“经济心理学”、“行为经济学”方面的书籍之后，我发现自己落后了，世界早就开始研究心理定价了。甚至有经济学家还归纳出心理定价的六种方式：整数定价、尾数定价、声望定价、习惯定价、谐音定价、系列定价，虽然有些定价方式显得那么自相矛盾（整数定价与尾数定价），而有些定价又显得那么不严谨（习惯定价和谐音定价），但归根到底，前人研究过了。

然而，在了解心理定价之后，我发现一个公式：

最终价格=物理价位+心理价位

更深入一点：

最终价格（顾客能接受的价格）=物理价位（使用价值决定的价格）+心理价位（感官价值决定的价格）

接着，我要做两个结果设定，最终价格要非常高，亦即最终价格为

∞（无限大），而一般情况下，物理价位是固定的，在某个时间段为常量，所以，结论是：如果要最终价格非常高，那只有一种选择，就是心理价位无限高。

于是有了以下推论：

最终价格（∞）=物理价位（A）+心理价位（∞）（其中A是常量）

接着，我们通过在无限大的基础上，还可以进行公式的最终简洁版。

在物理价格A作为常量，心理价位为∞的时候，可以直接把A=0，把物理价位忽略不计。

所以就有了更进一步的数学公式：

最终价格（∞）=物理价位（0）+心理价位（∞）

这时，我有一个结论出来了，任何无价的东西都是没有实际使用价值的。因为没有使用价值，人不能客观地有个初步价格预判，因为没有使用价值，人对最终价格的上限无法把握。当我发现这个道理之后，我用这个结论去解释任何艺术品投资、古董收藏，发现反映出的都是这个道理。

博斯的《充满尘世快乐的花园》、基里柯精神失常前的《一条街道的忧郁与神秘》、杜尚的小便池、列侬与小野洋子的相拥照、玛丽莲·梦露的裙子……华盛顿那棵樱桃树被他砍下前的发霉果实、华盛顿那把斧头……好吧，如果真的有上帝，你会花多少钱买下钉入耶稣身体的第一颗钉子？

好了，假设上面的例子你都买到了，你会怎么做？用著名的画挡那窗户？让你女儿长大后穿上玛丽莲·梦露的裙子？还是把华盛顿的斧头交给你儿子并为他种一棵樱桃树？换言之，反过来，为无价的东西寻找使用价值一样很可笑。

在我发现“任何无价的东西都没有实际使用价值”之后，我决定更进一步，我做了一个更彻底的推理：无价的东西竟然不存在使用价值，而使用价值又是由物理价值决定的。那么，我是否可以说，我们完全可以把一样不存在的东西兑换成财富呢？

于是，有了另外的一条新的公式诞生：

（0+A）×B=AB

这个公式，在数学上是成立的，假设0代表那样物品，它是不存在的，一开始就没有，而A代表一个人的心理价位，我认为它就值这个价钱，B代表很多个和A一样观点的人，一次集体的催眠，或者集体的统一口吻，而AB是最终营造出的最终价格。

在这个公式里，我还是得强调下，0代表物品，不存在的物品。

所以，一个很有意思的可能事件出现了。事件的主角是X（X代表你可放入的任何东西，可以是一本书、一条狗、一件玩具、一个人），故事开始了，X是一种很珍贵、很特别的东西，它很神秘，一般人都没见过到X，但是从X出现到现在，已经走过好几百年、好几千年了，用什么东西去证明它的历史？对不起，没有证据，因为看到X、知道X的人实在太少了，它那么神秘与珍贵，一般人怎么可能接触到它呢。它影响了一代又一代人，这些人有人成了总统、有人成了世界银行的行长、有人成了世界首富，也有人成了诺贝尔医学奖得主，他们总说在自己遇到困难时，第一时间想到的就是X，X给他提供了方向与前进的东西。现在X已经消失了，只有那些被X影响过的人可以和大众分享X对他们各自人生的改变，他们将各自心中关于X的形象通过图形和文字写了出来，现在有一个出版商决定把那些人的手稿出版，这本书全球只有一本。好了，现在请你给X出价，你愿意花多少钱买下这本手稿？

在这种情况下，X是不存在的。

我试图架构这样的价格模型，是想告诉大家，有时候市场贸易中是有可能出现“商品不存在”现象的，当然，在犯罪学中，这又称为“共同犯罪”，那些所谓的被X影响的人，在集体说谎。

当然，换个角度，在这样的模式下，我们也不难理解，为什么品牌需要故事。任何人都不会拒绝一个鼓舞人心的故事，“美国梦”也好、“中国梦”也好，任何人都愿意为打动内心的故事埋单，而一旦我们选择相信某个故事，则会为这个故事着迷沉醉。

好比在法国路易十四时代，发型成为时尚方向标的时期，一如孟德斯鸠在1721年著名小说《波斯人信札》中所记录的：“那些高贵的皇家女士在欧洲无论哪个地方做头发，她都奴隶般地遵从着法国发型师的法令。”

好了，现在不妨想想那些打动过你的故事，你愿意如何为那些故事埋单？

反抛式营销：会提问

“反抛式营销”的关键点在于问题的设计，针对一个问题，提供另一个问题，将关注点转移，带入自己的观念视角，让消费者获得心理认同，易于接受。

我们对这个时代最深的自责，无非在于绝大多数人已无法提出有价值的问题。在维基百科上的词条内容越来越饱满的今天，我们几乎提不出一个在网络上找不到答案的问题。

如果你有时间，熟读完西方艺术史之后，你会发现当代艺术家们已很少有观念的创新，更多的是技术的博弈，无非是尝试通过高投入的技术成本，演绎前人演绎过的话题；而当你完整地了解完西方哲学史之后，你会失落地发现，你所关注的那些“对世界的想法”前人已经讨论过、争论过，于是，我们开始慢慢明白“人类一思考，上帝就发笑”的本质是什么。

提不出问题，换言之，我们并没有建立让后代人得到启发的思想，甚至，我们中的绝大多数丧失了本能的天赋。所谓天赋，我的一个人生导师曾语重心长地对我说：“天赋，无非四个字——举一反三。”

我们这代人最深的自责就是既提不出问题，又没有把古老祖先的问题继续思考下去，更没有把祖辈总结出的观点“举一反三”。我曾经非常渴望有这么一个平台，能把当代知识分子提出的问题汇总起来，然后再通过大家的合力把问题解决，形成对后代有利的启发性思维。而我解决问题的方式，很简单，就是把问题分解成若干问题，而一个大问题往往由若干小问题组成。对小问题，我们游刃有余，而我们也是在一个个小问题的解决下，实现一个个大问题的解决。最终，我们的认知得到优化与改良，从而，对这个世界的观点更多维，也更宽容。毕竟，俗话说得好：“许多人在重组自己的偏见时，还以为自己是在思考。”

在一次营销高手的餐桌上，我的一个好友对我说，他在过去的二十年来始终在研究一个观点，也在坚持实践这个观点（他是国内数一数二的大宗消费品、高端奢侈品、豪华汽车的多行业销售冠军）。他的观点看起来有些许无赖和暴力，关于他的传奇人生在行业内也被演绎成不同的剧情。在他解释为什么自己能达到93%的杀客率时，他的观点很简单，就是反抛式销售——客户向你提问时，你反过来向客户提问，直到对方提不出问题为止。简单说就是，只要你有足够的问题提问，这个买卖就没问题，成交就变得很简单。

我的这个朋友，说起这个观点的由来，在于他很懒。他不像一般推销员那样将产品资料烂熟于心，并且，他的逻辑推理是这样的：

1．你再详尽的回答，客户不埋单依然不埋单，而尤其在贩卖高额的消费品时，那些客户往往都比较趾高气扬，你比他们知道更多，不见得是好事；

2．你回答得越多，错误的可能就越大，回答只是给自己埋雷，一旦你的答案触犯了消费者的内心，消费者们就会拒你于千里之外；

3．回答问题，其实是一个教育与被教育的过程，会磨灭消费者的耐心，与其这样，不如用风趣的问题让氛围快乐点，消费者购买物品，但他们总是希望其过程轻松而愉悦。

好友的逻辑开阔了我对营销的新视野。营销的本质，是一场认知战而不是一次产品战，他的观点非常符合这个本质，毕竟，反抛式销售是旗帜鲜明的认知战，回答式销售则是产品战。为了更好地说明问题，还是以苹果为例子，在我朋友的剧情里，可能会出现以下情景：

客户问："这个苹果卖10元/斤，到底好在哪里？"他说："好是怎样的一个概念呢？对于你这样注重生活品质的人而言，好是一种回忆，好也可能是某种幸福感，好当然也可能是一种健康生活的新实践对吗？"客户问："我是说这类苹果和其他苹果有什么区别？"他会说："我是个尊重客观现实的人，我想您非要问我这个苹果和其他苹果最大的区别，那就是这个苹果被你拿起，而其他苹果并没得到你的关注，当然我想，作为本店卖得最好的一种苹果，它受欢迎肯定是有道理的，您觉得呢？"……用他的话来说，他无非通过一个个问题，在不与客户对抗的前提下，展示它的客观事实。

我曾经从行为心理学的角度，试图解答为什么"反抛式营销"能获得成功。我认为"反抛式营销"的关键点在于问题的设计，针对一个问题，提供另一个问题，将关注点转移，带入自己的观念视角，让消费者获得心理认同，易于接受。从消费者的感受来看，这种营销之所以成功，源自以下五点：

第一点：一问一答，本身具备身份的不平等，回答好了，消费者得以满意，回答不好，容易引发心理抗性。而从人的私心来看，消费者更愿意看到你回答不出问题的尴尬，以此获得消费过程中的愉悦。人都有嘲笑别人的欲望，回答不出问题？恭喜你，做到了。

第二点：当一个消费者向你提出一个问题时，他本质上其实已经提前进入“拥有的感知”当中，这个和高端奢侈品极力把旗舰店的展示橱窗打造得极其惊艳的本质是一样的，要的就是让消费者产生“拥有的感知”：是的，有一天你会像T台上的模特一样，如此迷人、风情万种。“拥有的感知”是众多“消费幻觉”中的一种，“消费幻觉”还包括自以为是地找出理由为购买说服自己，例如，肯德基从没说过豆浆是现磨，但很多消费者都会认为豆浆是现磨的。一般“拥有的感知”者会把消费当成不可及的梦想，路过就算了，而当一个消费者进入奢侈品店向你询问产品细节时，其实，他已经成为重度“拥有的感知”者，他内心已经是一个使用者。这时，你只要集中力量反问他，为什么他不需要这件产品，为什么这样的产品不值得他拥有就行了。让一个人寻找理由改变自己的主观认知，最难。所以，我们总是在渴望改变对方，而不懂得主动改变自己。我朋友的对话，绝大多数是反问：“这么好的一款全球仅10辆的车，为什么不值得您拥有？它就是为您量身定制，您怎么可以错过它呢？”提问，只是在一次次反复质疑中，加深消费者“拥有的感知”。

第三点：就是“偷换概念”式的心理博弈。偷换概念是将一些貌似一样的概念进行偷换，实际上改变了概念的修饰语、适用范围、所指对象。其本质是建立一个歪曲对手言论的逻辑谬误。犯下此谬误者会把对方的言论重新塑造成一个更容易推翻的立场，然后再对这一立场加以攻击（当然，从辩论的角度，偷换概念可以是修辞学的技巧，也可以用来游说人们，但事实上，这只是误导人的谬误，因为对方真正的论据并没有被推翻）。“偷换概念”的实例则是：问：“这辆车1000万有点贵啊！您说一下它到底有什么特点能支持这样的价格？”答：“对于您来说，1000万只是数字问题，时间有限，不妨你亲身试驾一下？我实在不想浪费您的宝贵时间读那些说明书，毕竟，快乐无价，驾驶的愉悦用1000万来衡量，我觉得挺不可思议的……”前一个问题，在于1000万的价格是否过高；而回答的本身，则是通过1000万只是数字，引导消费者不要考虑1000万是否值得。换言之，消费者只是在支出成本与支付时间中游移，我们往往可以通过偷换概念的引导，让消费者加速下单。

第四点：从谋略的层面，同样是提出问题，后一个往往具有更多的主动权。这个和“以退为进”本质一样，客人先提问题，其实是提前透露了自己的思想。你需要做的，则是抓住他的欲望，用更多理由在不经意间推波助澜。这个道理，说起来比较抽象，后提问者总比先提问者拥有更多的选择。有个经典的例子：德国大文豪歌德曾经在路上遭遇一个不友善的人，这个人认得歌德，试图让歌德难堪，就面对歌德说：“我从来不会给傻瓜让路。”歌德说：“实在对不起，我正好相反。”随后，歌德给那个人让开了一条路。

第五点：反抛式营销，间接让销售者和消费者站在同一联盟，在提问的过程中，双方其实都是在合力论证商品存在的必然性。提出的问题越多，购买时的不安因素就越少。这点和第四点有点像，就是通过你的提问，不再让消费者游移，不给他留下退路。

从奢侈品营销到世界观，其实，任何伟大的发明与创造无非都建立在你是否拥有提问题的本能。有很长的一段时间，我总是重复做这样一件事，去幼儿园聆听孩子们大胆而荒诞的提问，然后再咨询身边的长者，看看他们对问题的看法。

儿童与老人，前者拥有不被世界侵袭的无畏与幻想，后者拥有阅历世界后的沉淀与精华。我甚至能想到未来世界500强企业的招聘广告，大大的文字写着“年薪百万招聘提问者”。在那些与巴菲特同样等级的大亨前写着：“向我提一个问题，我陪你吃晚饭。”提出问题，分解它、论证它、解决它，有问题，就没问题。

废弃物：隐藏的消费习惯

营销，很多时候就是改变消费者的习惯，以体验引发需求，以长期需求培养习惯，从生活习惯到习惯性消费，最终引导商业的成功。

每次下飞机的时候，我会留意前面座位的人留下了什么。有的人是干净而整洁的，杂志、安全带、垃圾袋都整理得井井有条，而有的则是凌乱不堪，穿过的一次性拖鞋还耷拉在机舱边。

我曾经遇见过一个做食品营养工程的创业者，他以写字楼的白领一族为调研对象，研究发明了一种为不同行业的公司职员定制的新鲜水果饮料。举个例子，针对传媒行业、外贸行业、娱乐行业、政府部门，分别挑选猕猴桃、葡萄柚、草莓、苹果、密瓜搭配成抗疲劳的、保持活力的、抗衰老的、养生的饮料，并且会在下午一点半送到客户公司。用他的话来说，午饭之后需要搭配点高纤维、高维生素的营养饮料。他的这个事业发展得很红火，最后发展成电商。而他一开始创业的目的是，希望给人更健康的生活，他希望培养起广大白领对身体关注的习惯，他要推广一种更好的生活理念。

营销，很多时候就是改变消费者的习惯，以体验引发需求，以长期需求培养习惯，从生活习惯到习惯性消费，最终引导商业的成功。

从小我有个“坏习惯”，这个习惯我到今天还在坚持着。我从记事开始，就喜欢拾垃圾，我总是流连于拆迁的工厂、拆迁的土地，然后把自己感兴趣（觉得可以保留）的东西收起来。每次到了腊月二十六我的母亲就很头疼，问我，这些东西还要不要。我总是不能很快速地想好处理这些垃圾的方式，最后它们全被搬到天台的空间里。到现在，年少时候我收拾的垃圾，却成为我母亲想念我时偶尔翻看的对象。我想，这也算是一种价值。事实上，我从不把垃圾当成垃圾，我更愿意把它们称为废弃物，它们只是暂时地被原有的主人废弃而已，它们会遇见新的主人。我相信万物皆有情，在那些被人遗弃的物品上我俨然还能看到他们主人曾经的体温。

我曾说过，“每一次飞行，都是对打火机的谋杀”。打火机，在进入安检时被人丢弃，而它会落到刚下飞机的人手中，物品在重复利用中，完成了从一个主人体温到另一个主人体温的传递。我看过很多在安检处被丢弃的打火机，有的贴纸已经残缺，有的则是被撕了下来，所以很多时候，物品（废弃物）是一个见证者，见证曾经使用者的很多习惯。

其实研究一个人最好的方式，就是研究他/她日常生活的垃圾。好习惯/坏习惯，全看垃圾。从牙膏使用的程度，可以看到主人的勤俭与浪费；从红酒塞的破损程度，可以看出是老手还是熟手；甚至从吃过的螃蟹壳可以看出是一个美食的行家还是初尝者……邮箱是洞悉主人内心的私密通道，保存着外人不知的某些情感，而垃圾则是秘密公开化的“超级乐园”。如果每家每户有专用的垃圾处理渠道就更精准了，美国中情局还通过垃圾箱收集情报，可以达到非常精准的程度。

我经常和身边的朋友说，其实掌握秘密最多的人是拾荒者。通过你的垃圾可以知道你的家庭结构，有尿布的一定是年轻夫妻。从你废弃的物品还可以知道你的饮食习惯，食品包装盒里有没有肉类，纯素还是荤素搭配。从你废弃的酒瓶可以洞悉到你的年龄结构，喝啤酒的更年轻点，你可能是个球迷，看着刚刚英超鲁尼进的一个球（他总是能把注定的事做得很偶然）；香槟的话要相对年轻点，如果搭配着黑天鹅的蛋糕包装，那一定是刚经历过一场生日派对；至于红酒，买低档红酒的一定是把红酒当成医药用品的，软化血管预防肺病，而总有高端红酒的，那收入应该比较可观，如果红酒上有庄主的签名，那主人一定是个有点身份的人。当然，废弃物还能体现一个人的生理状态、身体水平……

看来，废弃物是秘密公开的“超级乐园”，人生百态活色生香一览无遗。

现在，人们总是在利用废弃物的物理属性：焚烧、变成化肥，或者回收利用。却很少有人参透垃圾隐藏的信息。废弃物到底怎么利用？我们做个基本假设，你是一个小社区里的超市。首先，你可以从每天的废弃物中监测到社区居民的消费习惯，最重要的是看你超市里没有的物品有哪些，可以根据废弃物研判是否需要补充新品种；其次，你也可以从同类产品当中判断社区居民哪些物品是就地购买的，而哪些物品是愿意付时间成本去外地购买的；同样，你还可以根据废弃物反映的家庭结构，适当增加儿童用品或者老年人用品；此外，你可以发现社区哪类产品用得比较少，适当引导消费或者调整。当然，如果你是营养师（类似开头所说的那位创业家）就更好了，你可以通过生活习惯，预测到社区人民的生理需要，提供更健康的商品。在一个嗜酒青年比较多的社区，你不妨增加点解酒的保健饮品，或者助兴的娱乐玩具。

废弃物是包罗万象的物品，隐藏了很多不被人关注的信息，当然具体如何利用，毕竟涉及隐私，在此就不多举例子了。如果你不想让自己的信息被人洞悉怎么办？学我的一个朋友，家里装个碎纸机和垃圾处理器，把日用纸张切碎，把你的废弃物信息碎片化、零散化。那位朋友家的垃圾处理器，除了钉子，一切都能粉碎。然后，你的习惯也将变成粉末，消失在下水道里。

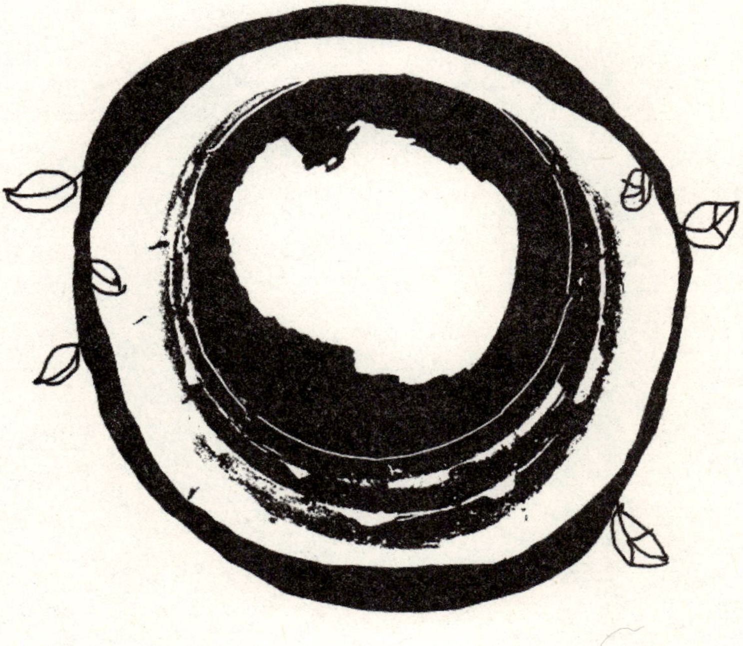

第三章

商业的本质

Idea
Economics
CLOUD
sale
internet
MARKETING
SUCCESS
45%
25%
30%
15%
7%
48%
MAIN
300
2000

善的商业模式

善模式的真谛，就是“敬天爱人”，按照事物的本质去做事，不以私欲破坏，不以私欲诋毁，多行利他主义。

清晨7点20分北京飞往外地的飞机，天气哪怕很好，艳阳高照，也一定会被航空管制。

在飞机上百无聊赖，我想起刚刚登机前，在机场读物上看到商界传媒集团正在主办以“善的商业模式”为主题的中国峰会。

“善模式”是一个庞大的命题，暂且不谈模式到底是什么，我先谈一个比较轻松的现象。大家有没有发现，全球性高度一致的核心价值概念，在语言方面惊人地统一？我总是在想，人类的内心表达真的这么相似吗，可以跨越种族、肤色，例如善与Sun/Son，晒与Shine（我想说的是，语言与含义、发音与内容有着全球互通性）。

什么叫“善”？我一直认为，善，就是Sun与Son。Sun代表光明与美好、能量与活力。太阳创造一切，“善”首先是一个“正能量”的东西。换个词，从Son来说，儿子，男性，男性是后代传播的主体（没有贬低女性的意思，只是男性具备后代性别的定义权），代表的是未来。“善”与光明、力量、未来、后代相关联。

从这一点可以推导出“善的商业模式”要建立在集体不安全的生存环境（食品安全危机）、不安全的商业环境（缺乏有效监督和透明化、公平）、不安全的竞争环境（带有欺骗消费者性质的价格战、利用信息不对称的故意欺骗行为）、不安全的道德环境（利益驱使而非价值驱使的发展观、欲望驱使而非责任驱使的出发点）之基础上的。于是，这种以“善”为主题的商业模式中国峰会中提出“善良”、“善意”、“向善”、“诚意”的主张是值得称赞的。

俗话说，屁股决定脑袋，大脑决定行为。撇开屁股、行为不谈，我主要想谈谈脑袋。“善模式”的深处到底是什么？

“善模式”的根，我认为，还是“人本善”和“人本恶”的基础设定。我们总说，忠诚来自信任。所以，“善模式”的基础，其实是对人性的基本假设，一旦把人设置成“性本恶”，就进入了“恶模式”。

那么，为什么有了“性本恶”的基础设定，就会形成“恶模式”呢？

我需要和大家说几个有趣的现象：第一个是“墨非定律”；第二个是“有罪推定”和“无罪推定”；第三个是“认知聚变”；第四个是“从众心理”。

第一个：“墨非定律”。

什么是墨非定律？其核心是：事情如果有变坏的可能，不管这种可能性有多小，它总会发生。更通俗的说法是：越怕出事，越会出事。关于墨非定律的一个实例是：比如你口袋里有两把钥匙，一把是你房间的，一把是汽车的；如果你现在想拿出车钥匙，会发生什么？是的，你往往是拿出了房间钥匙。墨非定律的适用范围非常广泛，它揭示了一种独特的社会及自然现象。它的极端表述是：如果坏事有可能发生，不管这种可能性有多小，它总会发生，并造成最大可能的破坏。这些理论都过于拗口，我用最俗的语言说就是，你越不想看到什么，越会看到什么。

中国有没有这样的例子？“说曹操，曹操就到。”现实生活中有没有这样的例子？换了款新车，发现路上看着都是同一牌子的车。换了件衣服，结果就和同事撞衫了。前几年，有一本与“墨菲定律”本质没太多区别的书红遍全球，就是《秘密——吸引力法则》。你怎么想的，你害怕什么，什么就会出现。所以，一旦你把人定义成“性本恶”，基本你就会觉得对方本身就是恶人。那么，对方怎么本身就是恶人的呢？

第二个：“有罪推定”和“无罪推定”。

这是两则用于法庭、司法机关的前提假设。有罪推定就是假设被告有罪，被告必须证明自己无罪，例如不在场证明等。而无罪推定就是假设被告无罪，被告人不需要证明自己无罪，原告需要证明被告人有罪。在国外，用得比较多的都是“无罪推定”，体现的是一种广义的社会公平。在你认定对方是恶的基础上，往往容易进入“有罪推定”，你需要对方证明自己是善的，而一般人不会通过过分表现，证明自己是善的，所以，你会坚持对方是恶的。

第三个：“认知聚变”。

又称“受众的自我逃避”，是指信息的自我规避。鸵鸟埋头、掩耳盗铃都是这样行为的夸张表达。人会有意地筛选信息以支撑自己的主张，从而无法正视全面完整的信息。现实生活中的体现是，如果你手头有一套房子，你希望房价增长，希望看到的都是楼市利好消息；而你买不起房，就希望看到的永远是降价退房消息。所以，当你假设对方是恶的时候，对方不知道你的设定，不主动证明自己，而你又主观地筛选信息，结果出现：“我就说了嘛，这个人就是恶人。”

第四个：“从众心理”。

我把它称为恶效应几何型增长状态。可以这样解释，你怎么对我，我就怎么对你。你对我不好，我对你更不好，变本加厉地放大恶模式。并且，在绝大多数人都开始进入恶模式时，从众就出现了。

局势混乱时，大众都在打砸抢，你不去抢，你媳妇也让你去抢，这就是从众效应。行为艺术上、心理学上又称之为“集体无意识”、“集体催眠”。政治学上有个经典的论断：一个人犯错，那叫反动；一群人犯错，那叫民意。

到了这里，一个完整的“恶模式”商业社会就成立了。

与“恶模式”相对的是“善模式”。行为模式把上述行为反过来就成立了。

“善模式”源自中国，但在日本得到了发扬。目前善模式的代表人物是京瓷创始人稻盛和夫，他与松下幸之助（松下公司）、盛田昭夫（索尼公司）、本田宗一郎（本田公司）并称为日本“经营四圣”。稻盛和夫主张人到这个世界就是来修行的。他总觉得活着一天是一天，每天把自己当成死了，然后重新又活了起来，感觉无比美好。稻盛和夫被大众热爱并追捧是源自一本叫《活法》的书，里面提出一个观念“敬天爱人”。

所谓“敬天”，就是按照事物的本质去做事，不以私欲破坏，不以私欲诋毁，回归平常心，尊重规律。所谓“爱人”，就是按照人性做人。他所说的“爱人”就是“利他”，利他者自利。“爱人”以他人利益为出发点，而不是利己观。

据说，“敬天爱人”的哲学思想是出自明治维新三杰之一的西乡隆盛的《西乡南洲翁遗训》，“天”就是道理，合乎道理即为“敬天”；而人都是自己的同胞，以仁慈之心关爱众人就是“爱人”。

但是，可能很少有人知道，稻盛和夫心中的英雄——西乡隆盛心中的英雄是中国的王阳明。在回忆里，稻盛和夫曾说："我的家乡出了两位对明治维新做出过很大贡献的人物，他们就是西乡隆盛和大久保利通（明治维新三杰中的两位）。我非常喜欢西乡隆盛，他对中国王阳明的阳明学说有相当高的造诣。他曾经两次顶撞萨摩的长官，被流放荒岛。每次流放总会带上阳明学、儒教的书籍，即使是在贫瘠的荒岛上遭受牢狱之灾，也不断地提高完善自我。他是一个非常清正廉洁、清心寡欲的人。他经常说，如果是位于人上施政的话，必须是那些不谈钱财、不求回报甚至能够舍却生命、忘却自我的人，他自己也是言行一致、身体力行的。我希望当今日本的政治家中能够多几位像西乡隆盛这样的人。"

那么，中国王阳明学问又是怎么进入日本的呢？这要提两个人，一个是了庵桂悟、一个是中江藤树。这两个人，一个与王阳明有过亲切交谈，一个则在日本创立了日本阳明学。

1510年，日本，室町时代，87岁的日本禅僧，五山大老之一了庵桂悟（公元1424—1514年），奉室町幕府将军足利义澄之命出使中国，因遭逆风而未果，遂于1511年重新出发，抵达北京。在贡方物达使命之后，明武宗（朱厚照）慕其高龄，命住宁波育王山广利寺，并赐以金澜袈裟。其间，了庵桂悟常与当地的文人墨客交往。两年后，1513年，王阳明与门人徐爱等游四明而经宁波时，曾会见了庵桂悟。同年五月，王阳明听说了庵桂悟即将东归，乃作《送日本正使了庵和尚归国序》相赠。

此为日本与阳明学接触之开始，也可算作日本阳明学派的渊源。

日本阳明学的创始人是中江藤树（公元1608—1648年），在32岁之前，藤树基本上信奉朱子学。32岁至37岁期间，他读了王阳明弟子王畿（龙溪）的《语录》，开始由朱子学转向阳明学。37岁时，他"购得《阳明全书》读之，沉潜反复，大有所得。……于是豁然开悟，多年之疑始释矣”。他惊喜之余，赋诗以志：“致知格物学虽新，十有八年意未真；天佑复阳令至泰，今朝心地似回春。”从而潜心于阳明著作，完全转向阳明学，他亲书“致良知”三个大字，揭于楣间，并使其门人皆攻读《阳明全书》。

日本阳明学里的“致良知”和中国王阳明的思想是一脉相承的。作为王阳明心学体系的理论核心，“良知”说起源于《孟子》：“人之所不学而能者，其良能也；所不虑而知者，其良知也。”在《孟子》中，“良知”是一种不经后天学习的先验的是非标准和道德规范。而到了王阳明那里，“良知”范畴已演变为融本体论、功夫论、道德论为一体的最高的哲学范畴。

“良知”是心之本体。王阳明在孟子“良知良能”说的基础上把“良知”扩充为一种贯穿于万事万物的普遍原则。

这些理论有点拗口，简单翻译一下，在我的理解中，“良知”具备以下三点基础假设：一、人的自然属性是确认无疑的，人在自然界中生存，再厉害，也无法逃离自然规律；二、人要更好地生活，必须融于自然，不要从自然中孤立，一旦孤立，就是自取灭亡；三、人一旦不顾及外界规律，以私欲为主，会出现三重孤立，人与自然的距离感，单一集体与人类的孤立，以及单一个体与集体的孤立。

俗话说的世界大同，或者汤马斯·弗里曼（普利策新闻奖得主、国际关系研究专家）所说的“世界是平的”，恐怕就是这个道理。

每每发掘史实，寻找文化之根，我都非常伤感。很多可贵可惜的东西，往往是我们自己创造了，然后我们自己亲手丢弃了，接着被别人拾起了、学习了、放大了，接着我们才开始想：“哦对哦，我们也应该这么做。”

我有时候会琢磨，为什么王阳明的思想能在日本形成那么大的影响？我想，恐怕他的思想与日本传统美学是相关的。和中国的地大物博不同，岛国日本相对孤立而资源匮乏，日本传统美学里有两个词，一个是“物哀”，一个是“悲鸣”。两个很伤感的词，有点像罗曼·罗兰形容卢梭的《一个孤独的散步者的遐想》所说的“像一只衰老的、悲鸣着的夜莺在寂寥的林中发出低低的哀鸣”。其实都是在强调一点，聆听时光中的自然的心声，做一些对生灵万物有意义的事，对得起给予我们的Sun，对得起未来的Son。

这可能就是善模式的真谛吧。

商场会消失吗

不要把商场当成纯粹的买卖商品的聚集地，那只会成为“散货市场”。未来理想的商场，是一个城市的人文精神、群体生活方式的展示平台，还是城市消费人群的心理据点。

在过去的一年里，我们总在为某样东西是否应该消失，某样东西是否会被某样新东西替代，争论得喋喋不休。例如，网媒是否会代替纸媒？电子时代来临是否可以减少纸张的运用？把这个问题放大点，在家庭影院、3D屏幕盛行的今天，电影院是否会消失？在电子商务C2B、C2C、O2O模式盛行的今天，是否商场就会消失了呢？

任何已存在的东西，一般都不是那么容易消亡的。尤其是长久存在的东西，它的存在证明了人类的需要。

有种“共生共灭”的哲学理论，从行为学的角度来说，会出现非常有意思的情景，在人类进入网媒时代进行信息的快速阅读时，人往往会想抓住一些对自己有用的信息，这时，具有物体属性的纸媒就有了生存的可能。同样，在我们用电子平台进行沟通和阅读的时候，我们总会把自己认为有价值的东西打印出来，电子时代并没有让我们变得更加环保，在互联网无时差沟通的今天，打印机的使用效率反倒提高了。

家庭影院、3D屏幕与电影院的关系也是如此，在我们蜗居在家独自欣赏电影时，反倒引发了去电影院看Imax的冲动。有心理学家说过，人需要一种集体的共鸣。一种在沉默中集体欢呼、在沉默中集体哭泣、在沉默中情感相聚的快感。有人把这样的快感比喻成情感的宣泄，一如你可以看着国安的比赛随意嚷上一两句京骂一样，这是一种集体无意识的宣泄。

那么，商场问题呢？首先，我观察到的现象是所有投资人都认可电子商务，他们都在发展电子商务，网络消费变得越来越安全、便捷；而从地产运营的角度，从来不做商业的万科，也在启动自己商业地产的研发，华润也加强了自身在商业地产方面自持的比例。这就出现一个很有意思的情况，电子商务和大型商场正进入同步发展期。

那么，商场到底会不会消失呢？我的回答是，不会。那么，商场为什么不会消失呢？我曾经做过系统的分析，下面说说我的观点。

商场不会消失的第一个理由：电子商务解决的是及时实用的商品问题，属于生理消费；而商场解决的是心理消费。

我们在淘宝、京东、苏宁上买电器、用具、衣服，解决的都是衣食住行的基本商品，在整个消费过程中，实现的是价格与价值的平衡、时间与成本的节约，在消费行为的过程中，是以自我为中心的，别人很难通过你的消费行为感知到你的品位、审美与身份感，换言之，电子商务把所有的消费者都定义成：追求高性价比的平民阶层。

而商场呢？它与电子商务最大的区别在于让你的整个消费行为具象化、立体化，从你的着装、打扮、目光、举止，到试装、交谈、支付所使用的卡……无一不反映出你所属的阶级等级与收入水平。从这一点看，商场消费更多是带有表演意味的心理消费，不同消费者在展示自己的社会角色。

顺藤摸瓜，这样一来，商场与电子商务相比，是以“空间”出现的。进一步聚焦，这个“空间”本质上是与家庭空间相对的公共的舞台。日本著名建筑师隈研吾在《十宅论》里写到过单身公寓的一个现象：很多年轻人都会在单身公寓放一个电视，但很多年轻人根本不关心电视内容，他们只是把电视打开，把声音放出来而已。用隈研吾的话来说，他们只是想在“宅居”的生活中与社会保持仅有的微弱的联系。商场就是这样，可以让他们以这种联系得以释放。在逛商场的过程中，如果你们是热恋的男女，那么商场就成了你们表达爱情之美好，表现双方情感有多甜蜜的空间。而如果你为人父母，在你带着孩子逛商场的过程中，则体现出你家庭的和睦与温馨，而当你看到与你同样和睦的家庭时，你会因为相似的感受，形成自身的认可与肯定，从这点来看，商场消费有着情感消费的需求。

当然，作为一个“空间”的概念，商场不仅是消费者个人展示的舞台，也是消费者丰富生活体验的平台。这里就有一个词“感官”，商场的消费价值是由品牌/商品构成的。众多的消费品聚集在商场，商场对消费者的感官体验是有着责无旁贷的责任的。所以，现在的大型品牌都注重消费体验，功能互动，来长期维护消费者的忠诚度。最新的品牌识别系统，不仅仅涉及陈列、装饰、展示、销售的卖场问题，还涉及企业理念以及经营体系等重要“战略”，它对商业运营提出了更高的要求，比如要求跨部门的专业知识和技能，并不是通常狭义范畴上的“展示、陈列”，事实上，它的广义为“包含环境以及商品的店铺整体表现”。

当然，如果要问我一个成功的商场到底是什么？我的回答是，不要把商场当成纯粹的买卖商品的聚集地，那只会成为“散货市场”。我认为商场不会消失的第二个理由是：未来理想的商场，是一个城市的人文精神、群体生活方式的展示平台，还是城市消费人群的心理据点。

很多商场开始巧妙利用公共空间，在人行步道的节点，设计让人愿意停留的、带有独特喻意的空间装饰艺术品，让人留步、拍照。也有很多商场开始与艺术人文跨界合作，使得商场成为一个展览馆。当然，也有小部分商场开始摸索自身在空间教育、公共场所公益活动的可能性，通过互动式的体验，引发人们对生活的反思。

比如，在一个地下商业项目中，就可以把整个商场按照家庭式消费、情侣消费、单身消费，分成奢华高端的魅力商街、挑逗味蕾的食力商街、时尚缤纷的活力商街、梦幻欢乐的魔力商街、科技前卫的动力商街和运动冒险的热力商街六个部分，并一一对应赋予星空、松露、彩蝶、麋鹿、极光、海浪六个主题，通过地面与天花板呼应的设计，以及墙体的包装，使得消费者不需要看地图，就可以轻易地感受到自己的方位感与购物的方向感，最终引发消费者去主动探索的欲望。

而当一个商场成为一个城市的热点、成为一个城市公民生活的心理主场，它的出租率是不需要论证的，而它的生命力将是恒久的。

机会的平等：消除嫉妒

对于新企业、新品牌而言，善用“机会的平等”，对内是人才培养的关键，对外则往往能捕获绝大多数消费者的心。

人对自身有着本能的热爱，于是我们自恋，自恋过度了，就成了自负。然而，人更多不曾表现出来的自我鄙夷、自卑心是每个人藏得最深的情感。更有心理研究学者发现，每个人都有嫉妒之心，而嫉妒又源于自卑。调查发现，人从自卑到嫉妒的心理变化需要一个诱因。

这个诱因是什么呢？先看几个例子，我们不会嫉妒巴菲特，当我们阅读巴菲特时，不仅不会嫉妒他，反倒会站在同情者的角度理解他乏味的爱情，而且过分关注他在面临妻子手术时的无尽痛苦与哀伤。我们也从不嫉妒乔布斯，而会觉得他的伟大与卓越。但是，你的妻子会经常拿你的收入与隔壁某位先生的收入对比，跟你说他的收入福利多好多优越。在小时候开家长会时，我经常会拿自己父亲和别人父亲对比，甚至还埋怨父亲穿的衣服品位有多差。所以，自卑转化为嫉妒的诱因是关联。关联越大，越容易嫉妒。例如，情敌或者爱人的前伴侣。

把这个嫉妒放大一千倍、一万倍，就有了国家间的嫉妒与比较，归根到底都是自卑的心理在作怪。自卑是任何一个人都不可能去除的心理。而自卑又取决于成为现实（个人无法改变）的现状，例如，身高、长相、出身、家底……人的一生都在和自己无法改变的现实抗争，用自娱自乐的理由说服自己，把嫉妒的小火苗熄灭。

在整整一生中，我们需要支撑我们走下去的信念。所以，在过去的二十多年里，出现了“美国梦”、“香港梦”、“明星梦”。

那些光怪陆离的“梦想”，之所以吸引人们追捧，无非在于颠覆了常人对固有认知的看法，并且满足了人们对“平等”的渴望。这里的“平等”指的是，我可以不高、相貌不好、出身卑微、家庭贫穷，但我依然有能力改变世界，我和那些要身高有身高，要相貌有相貌、家底显赫的人是平等的，我改变了他们不能改变的世界。

每个人都有自我催眠的需求和给自己打鸡血的潜意识，所以无论“美国梦”，还是“明星梦”，无非体现了一种“身份的平等”与“为有可能兑现的梦想”埋单的欲望，这样的心理需求和为梦想埋单的欲望成为一切商业赢利的来源，综观目前成功的商业品牌，任何一个成功的商业模式，都建立在给人信心与力量之上。例如微博，140字的无等级发言，能让你一夜成为明星，这满足了平民也能成为精神领袖的欲望；例如淘宝，对于商家而言，购买的是一个财富的可能，对于买家而言，购买的是一个免费大礼包，只要有眼光就有买到超级性价比产品的可能。对于中国各类选秀活动，参赛者拥有相对平等的身份，只要声音好，你就是明星；对于观众而言，所有人都太需要通过这些声音背后的故事，给自己打打鸡血了。30岁了，人生走过一半，你还相信理想吗?

但是，我想说的是，这里的“平等”不仅是身份的平等，而是“机会的平等”。换言之，我们总宣传“人人平等”并不意味着收入的平均、财富的平衡、幸福指数的美好一致，“收入、财富、幸福感”是“结果的平等”，没有一个国家能做到真正意义上“结果的平等”，但我们可以努力做到的是“机会的平等”。

有句俗话，我们无法选择自己出生的国家、城市，我们无法选择自己的父母，但我们可以选择在哪个城市生活，我们可以选择在哪个国家安放剩余的人生，当然，我们也可以选择是否成为别人的父母，从这一点上，“机会的平等”对于一个完美的国家、一个发展中的城市、一个理想的社会，非常重要，“机会的平等”能成为吸引人群自发主动为国家贡献智慧、服务社会、创造人文精神的起点。

所以，“机会的平等”首先是个基础建设层面的概念，任何人获得生命，上天对他/她就是平等的，政府与国家提供的无非是一视同仁的基础医疗、基础教育，确保健康的生存环境与知识培养。

其次，“机会的平等”要完善人才（以18岁以上成年人为参照）的“能量贡献平台”，经过公民自身的学习与能力的朋友，应该为每个层级的公民提供就业的可能，目前，绝大多数国家都在努力做。这里所谓的“平等的能量贡献平台”还包括一个含义，智慧供应与智慧接收的对等，简单说就是让公民“停止抱怨，好好说话”，每一个公民自身的才能、智慧、知识，都应该有足够的平台得以展示与被关注，决策者有机会感知公民智慧的成果。

这里，还需要强调的一点是，对于老年人，尤其要注重“机会的平等”。我曾经在别的国家看到56岁还在开公交的司机，虽然师傅看起来很健康，但我觉得很不安全。同时，我又在想，目前很多国家都将面临老龄化的问题，但很多都只是在“体力出卖”的层面利用老龄公民，所以我一直坚持必须为老龄公民搭建“智慧劳力”平台，他们经历了大半的人生，有很多的生活智慧，可以转换为财富，不一定只能简单地出卖劳力。

当然，对于依托城市大背景而创建的新企业、新品牌而言，善用“机会的平等”对内是人才培养的关键，对外，则往往能虏获绝大多数消费者的心。因为，自卑是共性，嫉妒是共性，对“平等的机会”的渴望是共性，所以，一个新生的企业不妨在产品面世前先释放自己对“机会的平等”的理解。

一个解决社会问题的企业，才有可能做到基业长青，因为它被需要。

所以，我们很多时候会被乔布斯俘虏，注意他叙述的顺序是这样的：

1．我相信每个人都能改变世界，活着就是为了改变世界；

2．我在摸索改变世界的过程中，发明了一款设计简洁、使用灵便、功能强大的手机；

3．现在我让你去使用这款手机，希望你能成为我们的第一批体验者。

这就是“信仰”→“观点”→“行为”的顺序。他的成功在于他的占位，每个人都能改变世界，一种朴素而平等的机会。

如果把乔布斯的话反过来说，效果就不一定好了，甚至会让人产生怀疑，因为当你说到“现在我让你去使用这款手机，希望你能成为我们的第一批体验者”时，人们就会想：

1．你是有目的的；

2．天下没有免费的午餐；

3．你凭什么让我改变？我什么也不改，我的手机很好。

这就是我们的自卑心在作怪，基于嫉妒心态的自大与妄自菲薄，最后只能坐井观天，局限在自己的小圈子里。

Less is more：高端大气上档次

任何一个新产品，如果你想走高端路线的话，不妨走“高贵的白鼠”这种渠道，追求差异化、追求定制感、追求自我个性，少就是多，物以稀为贵。

2013年3月，我坐了七次某航空公司的航班，飞机上一直在播放史蒂芬·戴德利拍摄的电影《特别响，非常近》，电影说的是一个美好世界瓦解后如何通过碎片的暗示重新组合的故事。至于那些与成长、父子、勇敢、坚强、原谅和自责有关的剧情，在这里就不多说了，有兴趣的朋友可以看看，我想说的是另一方面。

“严肃的滑稽”、“喧闹的安静”、“独创的抄袭”、“液化气”、“清楚的糊涂”……在电影《特别响，非常近》里，勇敢的小男孩奥斯卡·史埃尔在父亲生前，总和那个叫托马斯的父亲，玩一种矛盾修辞句的游戏。

当奥斯卡经历了十三次失败后，再次走入解密父亲生前疑团的游戏中时，他产生了密集恐惧症，如有人对地铁的氛围是恐惧而慌张的。

为安抚他的情绪，他那个在战争中受伤的爷爷提醒他："什么也不要想。"这时，他又想到了矛盾修辞句的游戏。

什么叫矛盾修辞句？就是两个词相互矛盾，却又非常合乎逻辑地放在一起，用我们熟悉的语言来说就是："不可复制的山寨。"

语言是一门艺术，文字本身就带着戏谑的色彩，有个用语言探讨文字戏谑意义的行为艺术者，就是《特别响，非常近》的作者：乔纳森·萨福兰·弗尔。

如果说艺术史上最冥顽不化的游戏者杜尚始终以最有智慧的方式制造混乱的话（你要是看过他那张被誉为500年来最深刻的作品《被单身汉剥光衣服的新娘》，你会认可我的观点），那么，乔纳森·萨福兰·弗尔也在尝试制造文字的混乱，以获取另一种叙事的可能。

当然也有人说，其实乔纳森本身也是个行为学家——"他把一张空白的纸放在面前的桌上，用他的笔写下这些词。"这是保罗·奥斯特在《记忆之书》中写下的开头。十几年后的一天，他收到一封来自另一位美国青年作家的信，不是索要签名，而是希望得到一张他用以书写下一部作品的白纸，奥斯特给了他。接着多位知名作家被索要白纸，海伦·德维特给了他一张会计纸，苏珊·桑塔格寄了张信纸给他，而乔伊斯·卡罗尔·欧兹给了他一张对折的废纸……这里的他，就是乔纳森，他把收集来的白纸小心装裱好，挂在客厅。据说，乔纳森认为这些空无一字的白纸正是每一部小说开始之前无法穷尽的可能性。它们是空白，但它们可以是一切。

还是一句老俗话，"叙述一场冒险"还是"叙述是一场冒险"决定了作家的等级，于是我们不难理解为什么导演在电影版的《特别响，非常近》里特意把"矛盾修辞句"作为记忆中的美好，单独拎出来。

生活也是一场冒险，而世界上最有品位、最有智慧的矛盾修饰句无非那句，著名的建筑师米斯·凡德洛出自反过度装修设计而说的："less is more"。引申开来，在中国商业营销领域，这句话又被翻译成"简约，而不简单"、"少就是多"、"物以稀为贵"……

"Less is more"的确是高端得不得了的词，政治层面，少说话多做事；社会层面，少数人决定大世界；经济层面，微观经济定义宏观格局……好吧，总之我们解读起来，总是充满了道理与智慧，而当我们尝试用各种概念定理解释"less is more"时，我们会伤感地发现，文字原来那么不靠谱。

其实，不靠谱的不是文字，玩个游戏，你如何解读以下两句话？

1："大就是小"；

2："谁都看不上的人谁都看不上"。

如果用数学公式来描述，即是A=－A，而这里的"="号，其实就是一个人的自我说服。

至于"less is more"，则是我们日常接触最多的自我说服。

遇到以下几种情况，你会怎样？

1. 在飞机上，空姐推着一车饮料走过来，车上放了100瓶水、1瓶可乐，这时，饮料车刚好推到你跟前，你第一直觉，要什么？97%的人会选择可乐。

2. 在飞机上，空姐推着一车饮料走过来，车上放了100瓶水、3瓶王老吉，这时，饮料车刚好推到你跟前，你第一直觉，要什么？99%的人会选择王老吉。

3. 在飞机上，空姐推着一车饮料走过来，车上放了100瓶普通啤酒、1瓶迷你版威士忌，这时，饮料车刚好推到你跟前，你第一直觉，要什么？100%的人会选择威士忌。

那么，对于绝大多数选择者的回答是什么呢？"我选择可乐，因为可乐有一种快乐的文化。”“我选择王老吉，是最近有点上火，我是个很注意身体的人。”“我选择威士忌是因为它比啤酒看起来要贵。”

在问题1中，从健康的角度，可乐要比水差；在问题2中，王老吉没太多不良的口碑，提升了选择的比率；在问题3中，价格优势很明显。

这些选择者的回答，或认可品牌文化，或崇拜健康，或关注所谓价值……而无非都想通过选择证明自己的眼光独到。我见过的最真实的案例是这样的，在南方航空上，空姐推着一车饮料走了过来，不确定数量，但很明显上面1/3是王老吉，2/3是依云（330ML依云的价格是王老吉价格的两倍），我当时坐在顺数第七排的位置，空姐从第一排推车到第五排的时候，王老吉已经没了。

这不是最重要的，重要的是，当飞机落地后，我发现在前面的座位上，竟然有9瓶没有开封过的王老吉。换言之，很多人选择后就忘记了，他们甚至忘记了喝。这证明了什么？

选择王老吉，是因为喜欢？还是为了让后面的人没机会选择王老吉，来强化自己坐在前面的优势？一个最主要的原因：少就是多，物以稀为贵。将王老吉和依云换成别的事物，道理同样成立。例如，国航的米饭与面条，米饭多的时候，选面条的人多；面条多的时候，选米饭的人多。换到ANA航空则是日料与西餐的区别。事实上，总是可选择多的食品，不被选择，不被重视。

看来，“less is more”有种过度宣扬的自我催眠。

这样的自我催眠让那些自以为有品位的人成为“高贵的白鼠”，他们追求差异化、追求定制感、追求个性，这些自以为有成熟审美能力的“白鼠”抱成团，形成所谓的高端窄众渠道。

任何一个新产品，如果你想走高端路线的话，不妨只走“高贵的白鼠”这种渠道。是特供也好，是珍稀典藏也好，还是出自世界仅存的6棵亿年古树也罢，只要强调物品如何珍稀、如何名贵就好了。当然这样的渠道还提供让新产品更加安全的环境。

特供的，数量就是少，所以成本可以控制得很好；特供的，不需要做广告，那些高贵的白鼠会向其他同样高贵的白鼠炫耀，因为他得到了。

据说真正手段高明的艺术品卖家只做两件事。第一件事，禁止艺术家过度创作；第二件事，尽可能地买下已故艺术家的作品，及时毁灭大部分。在放火的过程中，收藏家们抱头痛哭，用足够的表情，掩盖内心的窃笑。

“唉……这真是让人悲伤的现实啊……很不幸失火了……”

Less is more！你懂的。

同台唱戏：世界是平的

“桌台”也好，“舞台”也罢，其实都是“平台”。表面的姿态，内里的能力，达到一定的评定与认可，才能成为同一个平台的参与者，才有了同台唱戏的资格。

“同台唱戏”是我在飞机上想得比较多的一个词。毕竟我没有包机，也不是公务专机，所以我每次上飞机都有种“抓阄”的感觉，好比你去财富中心见一朋友，踏上电梯时发现身边都是你不认识的人。你按了最高层的数字，随着电梯一点点上升，最终，你身边有三个人和你同时走出电梯，这时，你想，我和那些人原来都是一样的，这也算是“同台唱戏”的一种模式。

“同台唱戏”是一个与面子、里子都有关的问题。最早的“同台”，或许就是“桌台”，正如让-路易·弗朗德兰所说：“当人们想找一种最管用的方法确认自己的权利，想说清楚这种权利的大小、多寡和由来时，吃就成了重要的历史记录。”而餐桌的艺术也被称为统治的艺术，作为独特的场所，桌台上，围绕吃可以产生决策、可以张扬势力、可以收纳盟友、可以排斥异族、可以论资排辈、可以攀比身价。所以能与某种等级（或特权）的人一起吃饭，往往又代表了你个人身份的提升，仿佛获得一把进入某个圈子的钥匙。

除“桌台”外，“同台唱戏”的直观意象就是“舞台”了，万民追捧的舞台上老艺术家带着新徒弟见人，小徒弟虽然表演略为青涩，但至少也算是“师傅领入门，修行看个人”，是同台唱戏的最好注解了。

“桌台”也好，“舞台”也罢，其实都离不开一个对等的名词——“平台”。表面的姿态，内里的能力，达到一定的评定与认可，才能成为同一个平台的参与者，才有了同台唱戏的资格。

在“大鱼吃小鱼”、寡头企业并购不断、垄断持续加强的今天，越来越多具有国际视野的品牌开始成为平台的构造者与整合者。在酒店中的国王——丽思卡尔顿酒店集团最新发布的宣传片中，已把酒店服务提升为超越顾客期待的增值价值，从个人衣食住行、休闲旅游、自然探索、环球飞行多个层面突破顾客想象，最终把自身定位为“只要闭上眼睛就能回来的珍爱之所”，丽思卡尔顿酒店渴望通过全方位的资源整合，成为最贴近客户内心的服务平台，一如广告语所说：“让我们常在您心。”

想想也是无奈，都怪中国有想象力的企业家并不多，好的商业模式并不多。

在众多的电商平台中，其实模式始终在变，而我觉得，模式怎么变都离不开“颠覆定理”与“排列组合定理”。所谓颠覆定理，是指把因果/先后顺序掉转，一个新模式就出现了。例如，B2C（Business to Customer，商家卖东西到用户）颠覆一下，就成了C2B（Customer to Business，从客户到商家，由客户发布自己要些什么东西，要求的价格是什么，然后由商家来决定是否接受客户的要约）。在“颠覆定理”

下做一下“排列组合”，跟小时候玩的分果果游戏一样，又有了B2B（Business to Business，商家与商家的联盟型商业模式），B2B后，把C放一起，又有了C2C（Customer to Customer，曾经的客户，把自己有的东西卖给别的客户，其实C2C是有一个隐性环节的，就是C首先到B，然后再到C）。

2012年的一天，在我聊起“颠覆定理”和“排列组合定理”时，朋友问我：“好了，现在出现了O2O（Online to Offline的缩写），你对这个模式怎么看的？这个模式怎么颠覆怎么排列组合，都是O2O。”我对O2O模式是认可的，它的本质很好，尤其在成本方面，包括交易成本、机会成本与运营成本。O2O将线下商务的机会与互联网结合在了一起，让互联网成为线下交易的前台。这样线下服务就可以用线上来揽客，消费者可以用线上来筛选服务，商品成交可以在线结算，并且，推广效果可查，每笔交易可跟踪。

从2012年3月开始，就有一堆创业者以Uber、Getaround为原型，力求打造有中国特色的O2O，我记得那时候有个朋友还没进入天使投资的法眼，硬件也还不健全，他当时就想成为中国最有代表性的O2O，还和我说要马上在央视做广告植入。

关于O2O的观点很多，粗浅一点的，说O2O符合商业模式的基本逻辑，具有“累加效应、边际成本越来越低、边际收益越来越高，且能多方共赢”等利好；深入一点的，说O2O能实现对商家和用户行为习惯的KPI（关键绩效指标法：Key Performance Indicator）监控。我认为，这些都不是，O2O的本质，只有一个，平台，平台，还是平台。在我眼中，O2O最终的形态是OAO（Online & Offline）线下（实体店）和线上（网店）有机融合的一体化“双店”经营模式，可将线上消费者引导至线下实体店消费，也可将线下实体店的消费者吸引至线上消费，从而实现线上线下资源互通、信息互联、相互增值。

O2O和OAO作为全新的商业模式，目前你问专家学者，他们都很难说出区别了，毕竟两者之间并没有“非黑即白”的本质差异，只是程度不同的变化而已。如果非让我说，无非两点：

其一，OAO是对商家和用户的双向管理与引导，两者都重要；O2O更多的是对商家做统筹和管理，对消费者往往是开放型的自由选择；

其二，OAO有实体与线下的双向转化，是一种消费维度的升级，在这一点看，OAO不是关键因素，而是催化器。O2O侧重从线上吸引用户到线下体验，其价值多少有点像改变认知的催化器。

从这两点来看，OAO是具有主动权的，拥有主动权的都是“游戏规则的制定者”，而当你明白游戏规则制定权有何意义时，你就会明白平台的重要性。下面，就说说我对未来OAO模式的认知：

第一点：成本的减少

OAO模式，它存在的意义，和B2C、C2B、B2B、C2C、O2O一样，根植于减少行为成本的基础之上，它的第一个特点是便利性与齐全性。这和“一站式”道理相同，即减少商家寻找客户、客户寻找商家、客户寻找商品的时间成本，在一个地方能浏览全部。同样的，因为线上沟通/对话的可能，形成交易成本的缩小，并且，通过大量用户与商家的议价、比价、竞价，让双方对机会成本的把握变得精准。

第二点：心理的满足

OAO的主题是商家和用户。OAO满足双方的心理需求。

从商家的层面，首先，他们关心如何找到用户群，一个好的平台，能提供他们稳定而可靠的消费群体（从消费用户注册量就可以看出来）；其次，好的线上平台能让商家突破知识水平不足（网络操作能力不好）的约束，一个鼠标操作就能与用户及时沟通；再次，对同行的价格一目了然，通过对价格的全盘把握，可以调整自己的价格，并且从服务品质、售后服务、产品质量、用户呵护多个层面，优化商家自身。

从客户的层面，首先，是物品的齐全，不需要耗费大量的时间去寻找商品；其次，在对商品选择中，有了更多的比价的参数，退货率、口碑、用户心声，都可以作为参考标准；最后，有效规避价值陷阱，毕竟同类产品的均价一目了然。

第三点：灵活的商品

OAO最主要的特点是商家和买家的沟通成本的缩小与沟通平台的搭建。买家根据自己的要求，在价格区价、商品档次、商家品牌方面提出要求，商家根据买家要求定制产品与服务。商家按照不同时间、季节、节日，把优惠的打折方案公布，让用户秒杀或者让用户拍卖。两种行为都在丰富商品方案的灵活性、可变性，而两个层面的交流与沟通，都可以让购买行为更加合理、实惠。

第四点：群体的评级

OAO自身作为两大群体的组织者，拥有绝对的话语权。商家在这里被组织也被审查，被监督也被认可，OAO平台上可以给商家分类，而分类又影响了用户的认知。同样的，用户也可以被评级，信誉好的用户，可以进行“信用卡”式提前使用的优惠诱导，引发更多的冲动消费，在支付方式上也可以做得灵活与新颖，最大限度消灭买家支付的时间成本。

第五点：看不见的手

在商言商，以利益为根本的商业社会，OAO还可以强大地实现：

第一，新生品牌与顶级奢侈品牌的直接关联。举个例子，LV的包和中国原创品牌的手链搭配销售，从认知上，直接把新生品牌定义为与LV同等级的定制限量产品。

第二，让买家不知不觉中为新生品牌埋单。例如，LV包限量版原价

9000元，中国某原创品牌的手链500元一条。现在，OAO网站上出现这样的广告，限量版LV包9999元，限时抢购，完成交易即送定制手链一条……

从这一点看，OAO的确是游戏规则的制定者，当然，OAO的强大不是一天就能实现的，OAO最痛苦的还是前期，搭台、拉人唱戏的阶段，商家的整合、用户的吸引，都需要巨大的资金投入，所以，我们不难理解OAO会比较容易地在目前成熟的SNS网站出现，或者一般OAO都会与SNS网站直接关联。

此外，当我们理解上述OAO的特点与未来发展的可能时，会惊讶地发现，一切好的平台，不管餐桌还是舞台，其实都具备上面我说的五大价值。无论是政治、社会、经济，平台归根到底都是直接与权力对等的。

在未来，拥有平台就拥有了一切。

空巢老人带来的商机

要全面满足“空巢老人”的内心需要，可以从“衣、食、住、行”全面解决，我呼吁更多的创业家和天使投资人关注这样的一个领域，毕竟它使用群体基数大、模式简单、具有社会公益性。

每年临近五一、中秋、国庆、春节等长假的日子，飞行中总看到口音不同的一些老先生、老太太，他们表情温和、彬彬有礼、异常谨慎。我观察他们，发现他们的谨慎与卑微，是因为他们并不擅长飞行，他们不知道安检时要站在黄线之后（通常父母两人一起递上身份证），他们一般都自带茶水（空检时，他们不理解为什么明明泡好的茶要么喝掉，要么扔掉瓶子）；他们不知道行李架的位置，他们甚至找不到安全带。

是的，他们并不经常飞行，只是儿女给他们买了张飞机票，让他们来到大城市一起过节。在那些时刻，我总会仔细地观察他们，在时间富余的时候，我更愿意为他们提供帮助与导引。很多时候，他们和我并不是一个航班，但我帮助他们，和他们说再见，看着他们远离的身影，心中期盼他们有个美好的旅途。有时候，偶遇的事件会成为一面镜子，照亮你的内心。

在帮助他们的一刻，我感觉，他们也是我的父母。我多么多么想成为他们飞行中的陪伴者，打消他们内心的矛盾和不安。我想起父母第一次共同飞行的情景，父亲早已习惯飞行，而母亲却是个极其缺乏安全感的保守主义者，她一生追求的幸福就是“不变的幸福”。她不喜欢宴会、不喜欢旅行、不喜欢坐任何交通工具，她在家里打扫房间，自己做饭自己吃饭，无比安稳。我记得那天，父亲提前两小时到了机场，一一替母亲办理安检和处理行李：我的母亲总是想给我（或我身边的朋友）带点什么。

我每次都让她少带点东西，我和她解释北京生活的便利与目前物质的富裕。母亲总说：“不一样的，我只想告诉你的朋友，你虽然一个人在处事，但你并不是孤儿，你和他们是一样的，你也是有母亲的。”她的话总是看似漫不经心，但总让我哽咽揪心。当然，在第一次飞行之后，母亲也慢慢习惯了飞行，知道我每天飞来飞去，她现在除了起飞前确定下我在不在北京，基本就没有什么让我担心的，她已经熟悉出口的位置，可以独立等待传输带上的物品下来。

而我也在多频次的自我飞行与同父母一起飞行中，开始思考“空巢老人”的问题。“空巢”是一个变化了的时间名词，它可以理解为空的巢，巢一开始不是空的，是随着时间的推移变空的。我第一次看到“空巢老人”这个词是一次养老地产研讨论坛，看到“空巢”词条的瞬间，我想起小时候的一件“小事”。

以前我们院子里种满了树，树很高，但是有枝桠，孩子都可以爬上去，我们没事就爬树玩。有一年春天，我在树上发现了一窝麻雀，鸟妈妈出去觅食了，我就把那一窝的鸟都掏了，回家后我让母亲熬米汤，我用空的眼药水点滴式喂养那些小鸟，那些小鸟张着嫩黄色的嘴巴，叽叽喳喳，也吃米汤，但很快就拉出来了。它们后来就不怎么吃东西了，我把鸟还回树上鸟巢时，发现鸟妈妈已经死在窝里。这件“小事”让我悲伤了一个夏天，悲伤了一个十年接另一个十年，在我已经三十岁的时候，对它还记忆犹新。

从那次小事开始，渐渐地，我发现，时间就是这样在我们与亲人一次又一次再见中消失得一干二净，再见，可以是再一次见，也可以再也不见，说不定，在一起假装平静的再见之后，就是再也不能见。空巢老人真正的悲伤莫过于此。

“空巢老人”是无法避免的，至少在中国，是根本不可能避免的。

1．如果在小面积国家，不存在如此严重的“空巢”问题，但中国地大物博，在农村与城市间、在四线城市与三线城市之间、在三线城市和一二线城市之间。城市新生力量总是去拥有更多机会与舞台的城市，换言之，翅膀丰满后小鸟总要离开家，从个体而言，公民有权利选择更好的平台生活；

2．一个国家的发展效率问题归根到底是资源的分配与利用问题，资源分配与城市发展的先后有关，资源的利用与人才有关，有能力的新生代会享受到更好的资源与发展，这是符合国家发展要求的，所以“空巢”现象是发展的共生品，不可避免；

3．从两代人的世界观、价值观和对生活方式的选择而言，每代人都有属于自己的圈子和朋友，父母不愿意舍弃自己多年的朋友与同事，年轻一代不愿意放弃自己的人脉资源和朋友圈子，两代人共同生活很难适应，“空巢”在某个层面也是存在心理因素的。

我在两年前开始研究“两代人的情感危机”，一年前接触到“空巢老人”这个名词，我一直希望找到解决“空巢”问题的具体办法。

而我把问题分解后发现，空间与心理的平衡最重要。空间问题，与地理环境、交通工具有关，多频次飞行、每天一趟城际列车、将父母接过来一起住，都不现实。所以，命题就变成：如何在不改变“空巢”的空间前提之下，解决“空巢老人”的心理问题。在中国人口老龄化问题越发明显的现在以及未来，“空巢老人”是一个具有意义的问题，我在思考这个问题中，也开始寻找解决类似问题的品牌，积极地和他们合作。

一年前，百度开始做一个网上学习平台，出发点是让父母们学会上网，能与自己的儿女在网上进行无界沟通。我当时给那个平台起的名字叫“上网一点通”。潜台词是：学上网，很简单。而在界面设计中，我们也主张把平面简洁化，而在内容（一级、二级、三级页面）中也多选用“串联式”而非“并联式”，每个页面都设有“回到开头”的按扭，输入法方面，我们选用了手写输入，我们尽可能把操作简易化，把上网行为变成“点、按、点”的方式，在教育讲解的方式选择上，我们把百度的“小熊掌”做成鼠标形，取了个名字叫“嘟嘟”，任何操作它都以卡通形式讲解，非常立体和形象，让老年人更容易记忆。

而我在与百度“上网啦”这个平台的合作中，开始发现其实要“上网”只是解决“空巢老人”心理问题多个渠道中的一小点，而要全面地满足“空巢老人”的内心需要可以从“衣、食、住、行”全面解决，我呼吁更多的创业家和天使投资人关注这样的一个领域，毕竟它使用群体基数大、模式简单、具有社会公益性。

在“衣”方面，电商可以要求消费者输入自己父母的地址和身体资料，在不同季节提供不同的衣物搭配建议，让消费者自己挑选或者替消费者直接选择、投递给消费者的父母。在“食”方面，电商可以通过云计算统计每个会员父母的生日、身体情况，形成身体素质的医疗信息群，在不同的季节，提供特定的营养食品搭配。在“住”方面，不妨研发一种结合“电影、平板电视、电脑、摄像”于一身的嵌墙式超大显示器，父母可以在自己的家看到儿女的家，孙子可以与爷爷互动，并且可以做到24小时的视频对话，换言之，一切“意外与不安”都在“信息透明化”中得以了解与把控；至于“行”的方面，旅行社或者航空公司，可以为自己会员的父母定制他们的出行、接待、旅游路线（这里的旅游不仅仅是去参观城市的特点，而是包括参观子女的公司、企业，以及看看自己子女在这个城市的贡献，有些荣耀与成功，需要与父母及时分享）。

比较值得借鉴的还有英国的一种社会服务模式。

英国很早就已经进入老龄社会了，对老年人的照顾也已成为重要社会问题。有一个叫POM4U的网站就提供签到服务，帮助老人的子女监护老人的生活问题。独居的老人只要每天上网签到一次，就可以表明当前是平安状态，网站会给老人的子女发邮件或短信提醒。除了POM4U网站，还有一家叫“放心老橡树”的老人服务公司进一步推出了周边社区签到服务。比如，老人经常去的周边地点：便利店、银行、超市、饭馆等，都安装了简单的签到装置，当老人到达此处时，可以自己签到，也可以请店员代签，这样孩子们就能24小时知道父母在何处做何事。

以上所说的“衣、食、住、行”只是简单的举例，如果你是有心的创业家，你可以从上游、下游的各个环节中找到商机。一个优秀的企业，一定是解决社会问题的，只有这样，它才能获得公众的热爱与信赖；只有这样，在危机中，企业才不会倒下，因为公众不倒。当然，要彻底地改善“空巢老人”的心理需求，需要国家提供政策、资金扶持，也需要那些吸纳了大量知识人才的企业分担成本与投入。

我希望以后的员工福利加入员工父母的福利，企业有义务解决员工父母的“空巢”心理需求问题，企业有义务组织员工的父母了解公司，并且，进行一年一次的休闲旅行。

当今世界，任何两个群体之间，已经做不到泾渭分明，当所有组织机构，都在努力解决一件事情时，这个世界、这个国家、这个城市将获得本该拥有的声誉与希望。这也是我持续研究类似“空巢老人”的众多社会化问题的原因。

第四章

人性的光芒

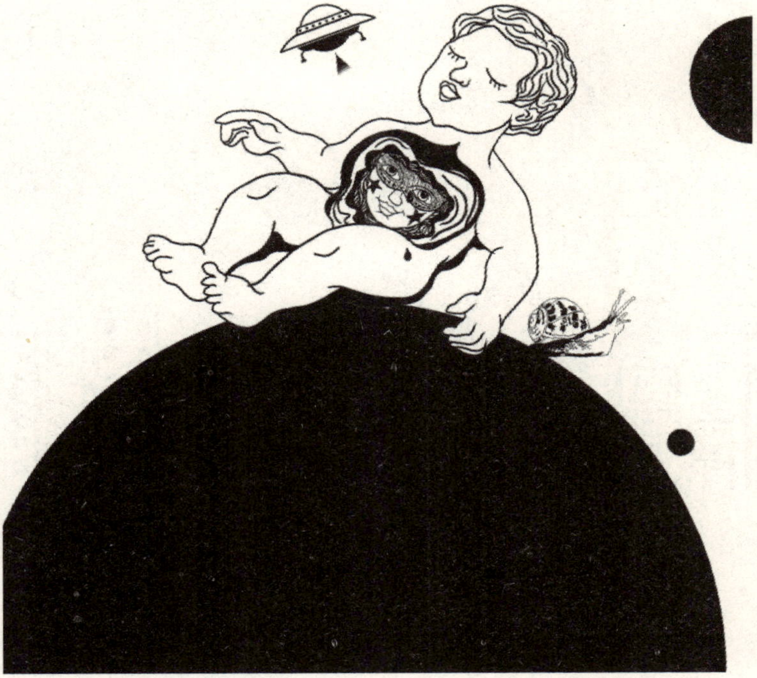

Idea
economics
CLOUD
sale
internet
MARKETING
45%
25%
30%
15%
7%
48%
SUCCESS
MAIN
300
2000

时光温度的传递

在商业社会中，如果我们的产品设计能带有“时光参数”，加进人性的温度与关怀，其实是可以增加用户好感的。

有一次飞行，和一个做导演的朋友去中国最北的地方，他想去取景，而我刚好在那里看过极光一样美丽的朝霞，所以，我自然就当了导游。

飞行中，我们谈到了《恋物与好奇》。出自英国电影理论家、导演、制片劳拉·穆尔维之手的《恋物与好奇》试图讨论马克思和弗洛伊德发展出来的恋物概念。作为女权主义电影研究的创始人，劳拉·穆尔维曾经在《视觉快感与叙事电影》中试图解释“男性凝视”（male gaze）驱动之因，她用精神分析方法研究电影的重要，她认为“电影能从对叙事成规与男性窥视的屈服下解放出来，能发现讲故事的新形式，并有新的观看方法出现”。她的《视觉快感与叙事电影》也因此哄动一时，有人甚至将她的这篇文字对电影研究的影响“等同于马里内蒂在《费加罗》报上发表了《未来主义宣言》宣告未来主义思潮的降临一样重要。”

聊了半天女权电影与视觉构造，朋友问我："你觉得，一个人，不管女人男人，最迷恋与好奇的东西是什么？"我当时想，情色点儿的是内衣，感官点儿的是香水，朋友说都不对，这类东西必须是"私密而公开"，最后答案是：手绢（或者手帕）。

现在已经很少人用手绢了，我们有便捷的湿纸巾，有随身携带的一次性卫生纸，手绢的使用率在下降。而朋友一席之言的确提醒了我，手绢是私密而迷人的物品。上面记录了你的每个场合的气味，你可能正在进行一次演讲，你用手绢擦拭额头的汗水；你也可能是刚品尝到一次宴会的主菜时，用手绢擦拭了嘴角的余味；或者，在一次艳遇中，你曾把手绢给与你一面之缘的女士使用……总之，手绢总能勾起人们甜蜜而私人化的联想，难怪安房直子会写出《手绢上的花田》这样美好的作品。而手绢，最地道的应该是用丝做的，而它的本意则是"丝之绢（思之眷），横也思来，竖也思"。想起自己从日本旅行回来时曾给心爱之人送过一小块手绢，那个手绢凝结了日本最顶级的工艺，她一直不舍得用，放在小盒子里，从那之后，我再也没留恋日本的工艺，也不曾入手过任何日本的老艺术作品。

"也对啊，我们以前谈恋爱，送的就是手绢。"朋友笑得爽朗，并拿出随身携带的手绢，他对待手绢的小心翼翼真是有着对待私人物品的柔软。

"最重要的其实不是手绢记录了你的气味，而是在使用之后，你会愿意小心翼翼地把它洗干净，晾干，再小心翼翼地收到随身携带的位置，贴近心房的位置。这是一分心念，这才是手绢的价值。或许你已经忘记了手绢是什么时候来到你身边的，你甚至忘记了（或者说，不愿意想起）那个送你手绢的人，但你还是会保留着。毕竟，曾经，你那么年轻，年轻得让自己都羡慕。"朋友聊开了，便浮想联翩，而我看着窗外的云层，一团接一团，阳光普照大地。我则想起叶芝的诗，The coming of wisdom with time: Though leaves are many, the root is one; Through all the lying days of my youth; I swayed my leaves and flowers in the sun; Now I may wither into the truth."（我翻译为：真理总会到来，枝蔓繁茂，根只有一个；在我青春说谎的日子里，我在阳光下招摇；如今，我枯萎成真理）我回溯着自己第一次摘录叶芝诗歌的日子，此时此刻，我终于明白，“手绢”其实是时光的温度，是时间存在的一种证明，而手绢的表情则反映出时光的变化。

而在商业社会中，如果我们的产品设计能带有“时光参数”，其实是可以增加用户好感的。对于使用时间寿命比较长的商品，可以在单一产品中加入“被时间影响”的细节，我曾经建议在大瓶罐的雀巢咖啡外包装用咖啡色写下鼓舞人心的话语，或亲情或温暖，当你使用完咖啡粉后，字会出现。后来网络曾出现过一个视频，说有人在可乐瓶子上用油彩笔写下“I love you”，在对方喝完后，就间接表白了。

当然，我还曾经鼓励在食品中赠送花的种子。后来，某款麦片产品就开始赠送罐装的花种，消费者并不明白罐子里是什么种子，最后种出来了，发现，原来是矢车菊。对于多频次使用的商品，同样可以采取有“时光参数”的设计手法，我在孩提时代曾热衷于一种膨化食物，玉米粉做的条状食品，我经常渴望父亲给我购买，是因为里面有“全球七大洲著名景点”的塑料圈。我在很长一段时间，也曾一直购买《VISION》，因为它把一张图设计在了书脊的位置，我必须买完全年的杂志，最后才能知道是一张什么样的图。

在前段时间，我曾经建议一个做儿童用品的朋友，在自己的不同类别产品中加入“拼图”的元素，消费者在买任何产品时，都可以获得10块小拼图，整个画面大概150块小拼图，需要购买15次，由父母陪孩子一起完成拼图。

当然，我们还可以通过对“时光参数”的植入，实现某种公益的、让生活更加乐观的目的。例如在雨季，下雨天人心情不好，那么我们可以通过在雨伞中设计遇水才呈现的卡通图形，而每次的卡通图形都不一样，直到，它把一个完整而美好的童话故事讲完；或者是随着主人体形而变化的沙发（用一种钢丝或者软质的材料实现）；又如，在挂钟设计中，将背景设计成女芭蕾舞者的上身，把分针和时针设计为舞者一条站立的腿和一条屈膝的腿，这样，随着时间的变化，挂钟上的舞者开始表演；在某些需要传阅的图书里，可以设计“指纹收集”感应包装，通过传阅的人的数量提升，最终在100个人传阅后，会出现新书更新的提示，这样，利于公益机构定期更换社区图书馆里的书。

而在我记忆里拥有“时光参数”的东西是南方城市街心大榕树下的那家面包店，据说老板坚持要把面包店运营下去，你可以在那家店留下任何数字或文字信息，只要你下次去那家店，报上你当时留的数字或文字信息，他就能为你提供第一次光顾时你点的食品。这家店对于我这类常年飞行的人来说，真是常驻心中的宽慰。

我记得在面包店之前，那里是个小零食店，有一次三更半夜，父亲加班回来，满身铁锈（这不稀奇，他曾经钻进一个300米高的水泥罐里）。我和他说，我饿。接着他去那家小零食店给我买了一瓶橘子汽水和一个菠萝包，那顿夜宵，填饱了我的胃，也是我对父亲之爱的初体验。后来在每个通宵忙碌的寂寞夜里，我都想去楼下超市看看，有没有橘子汽水和菠萝包。

有时候想想，也挺欣慰的，不管是心爱之人不舍得用的手绢，还是父亲买来的橘子汽水和菠萝包，不管是小零食店，还是面包店，在我们心中总有那么个存放爱意的地方，存储着时光的体温。

大自然的亲切之旅

在商业模式中，亲切往往会让消费者对一个陌生的品牌得到宽容。亲切会减少陌生感、距离感，让一个新来客不那么讨厌。

在飞机上，区别于“主权战争”，很多时候，我更愿意表达出亲切的感觉，有时妥协更能带来友好。

亲切如何表达，一句问候，用“您”而不是“你”，一句请求，劳驾您、麻烦您，或者一个笑容，对陌生者都很有效。主动表达亲切，是一种自我保护的心理需求。

以礼对人，相信别人也还之以礼。在飞机上，空姐一般是主动示意亲切的角色，她们总是习惯性地对每个乘客说，您好，欢迎乘坐×航班。但如果你是一个表情洞察者，你还是会很轻易地感觉到某些空姐过于机械化的问候中，流露出来的一种不自然。这种个别现象只能另当别论了。

我想说，亲切，其实与自然是紧密相联的。

从生物学角度来说，亲切与自然之间还有一个关系，就是熟悉的关系。我们所认为美的东西，都源自内心的熟悉感。三年前，我曾经从遗传学的角度分析过夫妻相的问题。

故事是这样的：美国一本著名时尚杂志，把好莱坞及政治圈的近100对明星夫妻进行对比，发现每对夫妻的相似度达到85%。通过一个并不复杂的数学公式换算，于是一个等式出现了：从遗传学来说，女孩都长得像父亲多一点，男孩都长得像母亲多一点。而女孩一般都恋父，男孩一般都恋母。这样，像父亲的女孩找了个和自己父亲气质相似的男孩，反之女孩也是一样，这就出现了夫妻脸现象。

同样，把这样的感觉放入建筑当中，一样成立。我们为什么会觉得一个建筑优雅或者美？是因为，西式建筑都源自古罗马的宫殿，而当时古罗马人不知道建筑的比例应该如何设计。但他们的目标是，让建筑屹立不倒，那怎么才能让建筑屹立不倒，并且节省用料？他们发现了，只要按照人的比例去建筑，建筑就不会倒，因为，人可以站稳。于是，他们用人的腿脚与身体的比例去设计建筑。而我们感知建筑之美，无非是对完美人体比例的迷恋。当然，更简洁一点，就是黄金比例。

在商业模式中，亲切往往会让消费者对一个陌生的品牌得到宽容。所以，在很多品牌的构建中，都会选择亲切的沟通。例如，华润地产早期的“与您携手改变生活”，又如，龙湖的“善待您的一生”。

换言之，亲切会减少陌生感、距离感，让一个新来客不那么讨厌。

我接触到的，把亲切用于产品形态的是一个叫星河湾的项目。早期以“一个心情盛开的地方”作为市场定位的星河湾，老板强调的始终是亲切建筑。真正的“亲切建筑”，一看这房子就是你的，是你心中的理想居所。而表现形式则通过精工的园林（其园林选用直径40厘米的珍贵苗木全冠移植营造出“这里是这些苗木一开始就生长的地方”的印象，为强调亲切感还故意将苗木上的鸟巢保留。除苗木外，还选用名贵黄蜡石做景点与水系的布局，在景观设计中，强调的是“虽为人作，宛自天成”的亲切感），其建筑更通过暖色调的沙岩营造温暖的视觉效果，通过线条丰富的城堡式屋顶（包括典型的八角窗）打造让人向往的天际线。

而我，也是在接触星河湾的过程中，了解了什么是亲切建筑，也从中激发了很多灵感。

在我脑海里，打破亲切建筑的产品属性，或者说，在产品设计上再次超越“亲切的房子”的中国东部海岸的亿万级别墅，是百年城地产的琥珀湾。百年城地产的老板是个完美主义者，他追求的是“我就是我”的本质表达。这个概念和爱玛仕的“回归真我”有异曲同工之妙。

在老板意志决定产品形态的私企特质里，我试图解读他的观念。终于想到了一个故事：

1924年，《纽约时报》记者问乔治·马洛里：“你为什么要攀登珠峰？”马洛里不假思索地回答：“因为山在那里。”

我曾经沿着中国最美的滨海路一次次从不同角度观摩琥珀湾建筑，我觉得它很美，但不贵。对于对现金流要求很大的地产行业而言，没有卖相的豪宅很难吸引自身审美并不高的中国传统富豪。我一次次与建筑擦身而过时，想到了一个观点。

我在随身携带的本子上写下：“人生的梦想，大都源自时光中某些片刻的柔软记忆，我们依循这些朦胧而美好的感觉，在人一生的旅途中，一一又把它们找了回来。那些记忆，那些保护我们安顿的幸福，就是家最不可取代的价值。时间在变，人物在变，而藏在时光里的记忆始终如一。”

我理解的亲切的美，就是对于自然私语的艺术化表达。而当我与建筑者/主设计师交谈时，他们颠覆/深化了我对亲切建筑的理解。

我试图整理那些全球设计团队的思考过程。

做个大胆设想：这里是中国北部海岸保留最好的纯净海滩，本着打造百年建筑的目标，全球顶级的设计大师都来了，一开始的那一刻，他们都在回忆与时间有关的居住记忆。

第一阶段：来自世界不同地方的人们，都在寻找内心的回忆。

在毫无人工痕迹的纯净沙滩上，有人想起法国南部蔚蓝海岸上的“利奥波德别墅”（Villa La Leopolda），那里可以俯瞰到法国南部最美丽的海景，并一直连接到山下的维拉夫蓝契港度假胜地。而有的人则想起了加霍尔姆比山的“庄园”（The Manor），在丰茂的森林下，仿佛适合建造以法国国王路易十四的王宫为蓝本的欧洲庄园。还有一些人，则因为周边高尔夫的优雅风景，想起了纽约的三湖别墅——布里奇汉普敦（Bridgehampton），占地60英亩汉普敦土地，还包括美国高尔夫协会里斯·乔斯设计的高尔夫球场、14个花园、75英里长的游泳池和宾馆。

但是，每个人都在构造自己内心的精神堡垒，却始终没法达成彼此一致的抉择。

第二阶段：聆听天籁，寻找适合本地的建筑形态。

是的，有很长一段时间，他们变得沉默，没有交谈，时间仿佛停止了。有人躺在海边渔民小屋的一张行军床上，手里拿着一支铅笔和一本笔记，想写点什么，但是很快地就睡着了。有人则置身山林里，像阳光下一块礁石那样安静。

他们用自己擅长的方式，解构着基地气候、风向、植被、水源等不同因素。直到有一天，HBA团队的米奇尔·比登（Michael Bedne）说：“这里也让我想起我的家，在那里的沙滩可以眺望整个圣莫利卡的海岸线和整座城市。”大伙才恍然大悟。在建筑形态的问题上，他们开始明白建筑师是不应该创造风格的，而应模仿风格。伟大的建筑有两类：一类就是从历史上的建筑类型来出发，第二类就是建筑师从自然中学习并找到适合的类型和形状。

显然，这里属于后者。

第三阶段：所谓亲切，无非是谋求自然的信任与平衡。

他们重新又坐在一起，抛弃过去在全球各地实现建筑的所有经验。

当他们以生命之初的姿态去度量这片原生山海时，设计师们形成一个共识：一切主观的想象对于如此纯净之地而言，都是不恰当的。这里的滨海路几乎串联着整座城市的所有记忆，而基地对周边原住民而言，也同样重要，毕竟，他们在这里生活了近200年。于是，他们找到了揭开建筑本相的钥匙：其实，这片土地的建筑形态在很多年前就已经固定了，作为设计师，他们只是把自然创造的建筑形态显示出来。

一个结论则是：谋求自然的信任与平衡，做亲切的建筑。

在亲切的建筑里，每一个看见她的人，都感到优雅与和谐，人心中的柔软记忆会自然浮现；在亲切的建筑里，生灵会把她当成自然的一部分。

这是一种源于自然的信任，也是生灵对人类的信任。即让生灵熟悉你，认可你。鸟儿信任你，就会靠近你。获得了自然的信任，就连最胆小的灰松鼠，也能和你做朋友。

第四阶段：亲近自然，向万物学习的过程。

来自礁石、森林、群山、海湾的启示：基于打造“亲切自然的建筑”的设计命题，设计师们开始测量每个礁石的坡度，经历近千万年的地壳运动与海风侵袭，这样的坡度用于构造房子的屋顶则是可靠的。园林师们开始记录森林里的物种并测试土壤的酸碱度，他们渴望以保护原有植被为前提，增加更有利于未来业主的珍稀物种，并渴望那些珍贵的苗木能活得很好。

室内设计师们捕捉早晨、中午、傍晚不同时间的山海变化，力求把光影的变幻用在空间设计里；至于大海的透明与澄净、山体的丰美与浑厚、时光的温暖与柔软，则通过精装选材的不同质感，一一体现。

来自大山雀、黄喉鹀、棕眉山岩、北红尾鸲的提示：设计图纸雏形初显时，设计师们还在等待点睛之笔。

此时，他们已在这片土地蛰伏了足足两年，除麻雀、喜鹊、白头鹎、大山雀、八哥、灰喜鹊、山斑鸠、白喉噪鹛、黑领噪鹛、红嘴蓝鹊等常规留鸟外，他们记录了一些大连从未记录的珍稀鸟类，在秋天，他们发现了北红尾鸲；在春天到来的时候，他们又偶遇了松鸦。在棒棰岛宾馆北侧的山梁上，一次就发现三只银喉长尾山雀，而在海边的一处山崖上，又发现两只岩鸽在飞翔。

有一次，当设计师走在山脚下的转弯处，见十几只大山雀、黄喉鹀、棕眉山岩鹨和一只北红尾鸲雄鸟集中在一棵小树的几个枝条上。他感到奇怪便上前细看，发现原来下面的岩石缝隙中渗出滴滴山泉。

在最终园林的设计方案里，我们最终看到中央步道的两侧布置有景观喷泉，汩汩喷出的泉水形成潺潺的溪流从石崖向海滩缓缓流去，沿喷泉小品闲庭信步至海边。

第五阶段：研究生命、草木、山海、气温，把握建筑的速度。

当构思落地时，建筑师们并没有参考过去一般作业的顺序，即先架设围墙，打地基，整体施工；而是以最慢的速度，采用点式施工来构造建筑，根据不同物种的生活习性，最大程度确保不影响原有物种的生存。

在不得不施工的地块周边，建筑师们甚至为一些留鸟提供了水源充足的保留地，他们知道，鸟类可以三天不食，但不可以一日无水。

第六阶段：把时间、材质作为打造亲切作品的参数。

“一半是建筑一半是自然”是衡量建筑生命的重要指标，具体而言，就是如何让建筑与自然一同经历时间变化产生的物理反应，以视觉的形式呈现出来。对原生天成的自然建筑而言，设计师们意图明确地把时间与材料当成建筑设计中的重要参数。

从停泊在海边的木头船到包裹在商业组团外围的木格架，从沙滩上礁石的色泽到空间内清水混凝土的外观，随时间的流转，混凝土会随着时间渐渐改变它的外观。木格架也会随着时间渐渐地褪色。这样建筑物就会慢慢融入周围的环境。

在最终呈现的建筑雏形中，我们看到有机建筑创始者赖特“流水别墅”在中国的实践。而我，每次想到亲切的话题时，总会想起那年春夏与那座滨海路上山地建筑的不期而遇。

后来，我在一段时间的飞行中，手头多了一本书。一本我在中学年代一字一句摘录过的书，是美国作家约翰·海恩斯的《星雪火》，他与《瓦尔登湖》、《沙郡年记》并列世界三大自然随笔之一，但由于国内读者阅读水平的参差不齐，这本优美的读物并没有得到市场的追捧。

《星雪火》这本书在1999年出版后，有很长一段时间在市场销声匿迹。后来据说也出版过，精装插画版，后来也有以《一个人在阿拉斯加荒野的25年》为书名做了新版，但我都不太感兴趣。

对于前者，我想说，任何一本书，做成了精装，形式多了，距离感就强了，可读性就差了很多。对于后者，这个新书名，并不那么美好，也不那么动人心弦。

归根到底，是不亲切。

我怀念中学时代的贝塔斯曼书友会，每月期待传达室里有一张精美的书单，在上面用笔勾下心仪之书，用微薄的零用钱买一本看似昂贵的书。

那是我内心柔软而美好的亲切时光。属于那个离我远去的少年，以及看似卑微的幸福。而如今，一切亲切柔软的时光，和甜美的回忆，都是无价的。

从视人为物到爱人若己

一个有情有义的企业不一定就获得成功，但一个无情无义的企业必然会衰亡。善待员工，讲究情义，从人性的角度帮助员工发展。世界那么大，一群人走，才能走得远。

一如传染病，在传统手工业、制造业（不用多久，将是全国各类行业），中国企业主正面临“用工荒”和“涨资潮”的双重夹击，简单说，就是招人越来越难了（用同样的资本投入招不到同样水平的员工/市场能提供的同样水平的员工总数在减少）、不增薪无法留人了（在作业水平不改变的事实上，薪水要增加才能留住人）、按照原本预算招到的只能是水平不如过去的作业者。

其实，“用工荒”和“涨资潮”并不是今天才出现的事，早在2009年，自南向北、自东向西陆续出现的“用工荒”就曾一度成为风潮，而从2011年以来，以企业用工成本大幅增长为主要表现形式的“涨资潮”又逐渐席卷全国。China Breafing的调查显示，中国最低工资是亚洲新兴国家第三高，仅次于马来西亚和泰国，人口红利逐渐向印度转移。

“用工荒”和“涨资潮”引发的用工成本大幅提升只是结果，其外因很多，可以说是由工资水平幅度长期低于GDP、CPI增幅决定的，也可以说是因为城镇化差距缩小，城市生活成本高昂，农民工又不得不在城市生存，还可以说是由农民工经验积累，新生代受教育程度提高，权益意识的加强等因素决定的，更可以说整个企业的用人环境缺乏有效的用工信息发布沟通机制，导致失业的人找不到工作，需要人的企业招不到人。

撇开大经济环境、用人环境信息机制等众多外因不说，我认为“用工荒”和“涨资潮”是国内众多企业主自己酿造的恶果。其隐性原因是对整体经济环境从“粗放型”向“创新型”、“精细型”、“内涵型”发展趋势的缺乏预判，而其核心原因则在于对作业员工的不储备与不培养。而当我们向众多企业主问道“为什么不注重用工储备和培养”时，我们惊人地发现这其实是一个观念问题，一个涉及选择“视人为物”还是“视人为人”的问题，在这个观念误差之上，引发一个又一个的“用工荒”和“涨资潮”。

何谓“视人为物”？是指企业主把员工当成生产工具，在这个观念中，一个劳动者的存在价值直接与他的生产力、生产效率挂钩，换言之就是“好用与否”，好用、值，这个劳动者就有价值，在单位时间内做得比别人多、比别人好就有价值。

这个观念的诞生其实是与我们自身的精神缺陷有关的，美国缅因州新英格兰大学哲学教授，大卫·利文斯顿·史密斯的《非人：为何我们会贬低、奴役、伤害他人》曾指出，人类的非人行为深植于人性之中，非人化作为一种思维方式极易左右个人和集体。当我们口口声声喊着“野兽”、“蟑螂”、“虱子”、“狗仔”、“畜生”时，也不仅仅是因为政治、宗教、族群或性别差异等原因，而是人类有一个共同的心理倾向：将他们的同类视为低人一等的动物。在这样的人性本能中，企业主不会把劳动者客观地人性化，而是把人当成一个“随时可以替换的”尺寸、一个扳手、一副工具，更可怕的是，这个世界上的任何人，“永远是一群被内心的遗憾和憧憬所奴役的生物”，而我们往往擅长于在剥夺别人的憧憬与期望中猎取快感，而我们也在制造对方的遗憾中，获得与霸权主义者无本质区别的存在感，在这样的“非人化”本能和“构造遗憾毁灭憧憬”的催化下，企业家在变本加厉地“视人为物”。

走进历史长河，在“视人为物”这个观念中最成功的管理者是20世纪初美国工程师费雷德里克·泰勒。他曾经发明了一种更高效的、使作业更加标准化、规范化的工业管理方法——泰勒制，这种管理方法的核心内容为：

1. 劳动方法标准化：通过对动作的分析仔细研究工人的操作顺序和方法，以求找出最合理的肢体运动路线和加工方法以及应用的工具，剔除多余和不合理的动作。

2. 制定标准时间：泰勒研究了操作时间。他挑选技术熟练的强壮工人，要求他们紧张地操作，同时用几分之一秒的时间为单位，记录每道工序、每个动作所需要的时间，加上适当的休息、调整、熟悉操作过程等额外时间，经过周密分析，制定出完成每个标准动作所需要的标准时间，作为定额管理和支付工资的依据。

3. 实行有差别的计件工资:对按操作标准和工时定额完成计划工作量的工人，以较高的工资率支付工资；对不能完成生产定额的工人，以较低的工资率支付工资，以鼓励工人提高生产效率。

4. 挑选和培训工人：严格挑选工人，使他能胜任所承担的工作。对选定的工人采取课堂教育和现场操作相结合的方式，按规定的操作标准进行技术培训。

5. 管理和执行分工:泰勒主张一切工作都应通过考察，明确职责分工。他对管理人员和工人的工作进行了研究，明确划分管理职能和执行职能，并建立生产控制、成本计算和质量控制的基本制度。

福特曾说：“没有人能管理100万人。”所以，当企业主管理100万人的时候，就不能“把人当人”了，只能“视人为物”，尽力用流程化、规范化，甚至军事化的刻薄程序来把人当成机器一样管理，最终目标只有一个——“提高效率”。而我恰恰想说的是，如果我们不管100万人，而是10万人、1万人、1000人，甚至100人会怎样？如果我们不再“以量取胜”，如果我们能对用工需求有个把控，我们是否就可以换一个观念和世界对话呢？

于是，有了区别于“视人为物”的观念——“视人为人”。在“视人为人”的观念中，并不是屏蔽作业者人的属性以标准化流程军事管理的，而是重视，甚至放大“人”的属性，用简单的话来说就是：企业主会心存感激，多去体谅对方的难处，哪怕是遇到对方不买账的情况，也一样从容豁达。在“视人为人”的观念中，企业人力的重心不在于源源不断的人才输入，而更重视人才的留住机制，“对企业而言，最成功的CFO也绝对不仅仅是懂得如何节省成本，而在于懂得如何优化员工福利结构。”

那么，在“视人为人”观念中，我们应该采取何种行动，才能面对已经到来的“用工荒”和“涨资潮”的双重挑战呢？

“视人为人”的核心是尊重、顺应、理解、培养、发展与多赢。20世纪70年代美国加州大学圣塔克鲁兹分校的理察·班德勒（Richard Bandler）和语言学约翰·葛瑞德（John Grinder）共同创办过一种沟通个人发展的技术和方法，叫NLP，即神经语言程序学（Neuro-linguistic Programming），NLP指出人是身心合一的系统，精密而完善，在这个系统中存在着“神经程序”、“语言”以及“习得的行为策略”三者的一致与模式性的连接。一个真正有抱负的管理者，应该以精神领袖的角色定位，带着“帮助人们过更好、更饱满和富裕的生活”的目标，帮助其跟随者实现其生活优化、职业发展和个人发展。而在NLP个人成长模型中又包括决策、价值观、身份和精神四个层面。换言之，我们在做人才培养中也应该参照下面四点来做。

第一点，决策力培养。

在人格尊重与机会平等的基础上，重视劳动者的可塑性，不仅是劳动能力与工艺技术的可塑性，更是角色的可塑性、观念的可塑性，任何一个成员，都有发言的权利及智慧认知得到正视的可能。

第二点，价值观培养。

其目的是企业发展目标与成员个人追求的平衡。在近几年越来越多家族大企业面临的共同困境就是第一代领导者要退出历史舞台，但完全找不到接班人，一方面是自己的后代不具备担当企业发展的能力，一方面是外来者（职业经理人）得不到信任，无法在新的企业环境中存活（是存活，不是存在，不是所有职业经理人都有幸在陌生企业坚持一年，当然这里有很多信任与否的因素，绝大多数家族企业执掌人都疑心重重）。我把家族企业的困境归咎于价值观培养的不健全，而一个强大的企业必须是解决社会问题的企业，在企业的大布局中，有着不同劳动者的期待与认可，不妨想一下，如果每个劳动者都认可企业，都感觉荣耀，都希望自己的孩子和自己一样为企业服务，这样的话，企业还招不到人吗？

第三点，改变身份认知。

很多时候，企业主已经“视人为人”了，劳动者本身还把自己当成“物品”，企业有义务改变劳动者对自己的身份认知，让劳动者明白，自己有更大的舞台，有更好的未来，有更美丽的可能。一个最简单的例子就是保姆如何学洗衣机的烘干功能。如果她认为自己不会，再怎么学，再怎么教，她也不会。

第四点，精神塑造。

在价值观一致的基础上，孵化企业不同劳动者之间的正能量。在我们研究一个国家品牌的建造中，有一个名词叫“第二外交”，说的是公民自身的行为对国家形象的反哺，而在一个企业中，如何充分调动劳动者的自身精神文明孕育、塑造与表达，是一个意义重大的课题。这样的精神文明塑造，有利于劳动者的心理改善，不会在沉闷的工作中疲惫、压抑、忧虑与绝望，更有利于劳动者开发发现自身的潜力与更多未知的价值，让劳动者看到一个企业的隐性财富与平台价值，不再对具象的薪资数字耿耿于怀。

当然，我这里所说的还非常肤浅。不同企业有不同的发展模式，但我想呼吁广大企业家都重视劳动者的“人性”，一个有情有义的企业不一定就获得成功，但一个无情无义的企业必然会衰亡，毕竟，谁也无法确定下一秒会发生什么。

世界越大，越交融，越分不开。

世界那么大，一群人走，才能走得远。

正义的成本：因私人偏见

“正义的成本”归根到底也是由人而定，由社会的大多数人决定。一旦成本过高，就不得不放弃私人正义而追求社会正义。这需要借助道德的力量。

我收拾行李去机场。由于我是个极其害怕迟到的人，所以直接跑到酒店外面马路上拦taxi。一个相貌温和的司机把车停了下来，帮我把行李放到后备箱，点火，汽车缓缓启动。

他指着透过后车厢能看到的酒店大堂，开始给我分享刚刚发生的故事：“我愿意为您效劳。您知道吗？我刚刚拒绝了一个客人。我就不懂了，有钱人都是那么娇气的吗？大冬天，让门卫给他打车，他就在大堂里坐着，一副傲慢的样子。我就不载他，哈哈，我是刚从酒店那边出来的。这种大模大样坐在里面的人，我看他就不着急，我们开出租的都不愿意接这样的客人，太把酒店门卫不当一回事了。”

我安静地听着，没有说话。事实上，我在琢磨（或者叫计算）以下几个问题：

1. 如果酒店的房费包含了门卫的接待服务，那这笔成本怎么算？

2. 这个问题里包含三个利益全体——乘客、门卫、出租车司机。路过酒店门口，选择拒载，时间成本的损失归谁？从时间成本的角度，三方都有损失。

3. 从职业的层面，司机拒载，行使了自己的公民自由，但是这个自由并不符合职业规则。

4. 从人本主义的角度，司机为了不惯着那个“一副傲慢的样子”的乘客，选择拒载，但其实是伤害了门卫的利益——他必须在风雪里多站一点时间，为客人找到能承载的出租车。

5. 司机其实行使了个人所谓的正义，而这个正义的影响是什么？从1：2的角度来看，司机的个人行为影响了门卫和乘客的利益，从总结果来看，伤害了社会利益。

6. 还有隐性因素，如果乘客（那个坐在大堂里的人）身体不好，或有重病，那么损失怎么计算？

这位对我友好的司机，其实反映了一个问题，公民在行使自我判定的正义时，其行为结果往往影响了社会正义。在近期，类似的事情很多。例如，救护车送重病人去医院，路上的私家车都不让路，导致救护车无法及时抵达医院，病人死在路上，酿成悲剧。而在私家车的认知里，他们认为：

1. 救护车拉的不一定是病人，有可能是特权车；

2. 救护车拉的不一定是命垂一线的病人，可能只是普通病人；

3. 我不让路，是为了给那些“特权者”一个惩罚，毕竟，现在社会上假救护车太多了。

在私家车主的认知里，这又是一次私人认为的正义与社会正义的博弈，而事实上，这种博弈的结果要比那位出租车司机拒载的结果更坏。于是，我开始把私人正义与社会正义之间的关系作为思考的一个方向，力图摸索出一套行为准则，让我们在行使私人正义时，不触及社会正义。

有专家说，评定同类事件需要从内因和外因去分析，一方面是追问行为本人的动机与目的；另一方面是追问社会原因，要求找到造成个人行为的外部影响。从上述两个案例可以看出，私人正义的本身是存在认知的片面的，而认知的片面性又包括，对具体事件结果缺乏预见，以及对“对方”的真相缺乏理解，所以，我并不赞成此类事件仅仅是大众对特权人士（很多时候，往往也只是大众认为他们是特权）的非理性暴力事件。专家所指出的：“贫富分化严重的社会现实，正在成为酝酿恶性暴力事件的土壤。从心理学角度讲，暴力事件的发生，与民众心灵的彼此隔绝有关，这种孤独和隔绝极易让人失去理性。”我认为这并不是真正的原因，既满足社会正义又满足私人正义的行为决定权，其实在公民手中。

换言之，是行为人决定了社会正义是否有可能实现，所以，在我们遇到私人正义与社会正义之间的问题时，还是需要从自己认知上把握。

那么，如何让私人正义不伤害社会正义？

第一点，我认为在上述案例中，道德认知是行为的诱因。无论是司机拒载还是私家车不让路，在道德准则上，是需要将认知更新的，不能囿于己见。

人们总说道德，但是道德是怎么来的？道德的起源是什么？可能很少人能说清楚。

道德的起源有三个阶段：人与动物的最大区别是会使用工具，并且会协作。在法律并未呈现的社会里，道德的存在一开始是为了互利，道德为人与人之间的协作互惠提供了一种基础；其次，在协作互惠中，道德又反映了人们的共鸣，这里的共鸣是对事物是与非的判断，群体中，人与人之间应该如何尊重，如何礼待，成了一种对“合理行为”的群体认知。当然，这里的“共鸣”还包括对气候条件、自然灾害、外界侵袭所表现出来的“感知一致性”和“需求一致性”，于是有了心照不宣的道德规范；而道德的作用在群体认可的前提下，形成行为准则，给群体带来心理安慰，给群体里的遭遇到自然灾害之不幸的个体带来心灵的抚慰，道德促使一个群体形成怜悯之心。而最终，整个群体的个体，在道德的指导下形成“亲社会行为”。

亲社会行为又叫积极的社会行为，比如，帮助、分享、合作、安慰、捐赠、同情、关心、谦让、互助等。亲社会行为是人与人交往过程中维护良好关系的重要基础，对个体一生的发展意义重大。反之，为逆社会行为，指在社会交往中所表现出的不能为社会所接受的态度。

当然，亲社会行为不仅在人类社会存在，美国心理学家E. O. 威尔逊认为，亲社会行为倾向源于动物的遗传本能，亲社会行为在动物身上有很多体现，在蜜蜂中，工蜂会用叮的办法攻击入侵者，当它叮了入侵者以后，螯针就留在入侵者身上，这样叮入侵者的工蜂就死掉了。这说明，工蜂虽然死了，但它却增加了蜂群生存的机会。威尔逊同样认为，亲社会行为也是“人类本性”天生的部分，在我们的生存中起着重要作用，而且是无须学习的。当然，在这里，人类社会是通过道德把亲社会行为更具象地表达出来。

所以，从道德起源的角度来理解，让公民个体决定形式私人正义时，不妨先从是否有“亲社会行为”属性，是否对他有人互惠的群体协作考虑。从这一点来看，上述两个案例，都是通过不协作实现私人正义的目的。

第二点，我认为在上述案例中，反映的其实是公民自由主义与社会正义的对立性。但事实上，这样的对立性是可以通过很多途径解决的。

关于“社会正义”，最早的提出者是柏拉图，希腊先哲Thrasymachus（斯拉雪麦格）曾说过：“正义就是强者的利益”从柏拉图反驳Thrasymachus关于正义只是强者利益的论点，在《理想国》中，柏拉图主张一个理想的国家必须建立在四个基础上：智慧、勇气、节制以及正义。“社会正义”观念主张社会成员应当按照一种特定的方式组织起来，由权力机构根据特定的正义标准而把社会产品的特定份额分派给不同的个人或群体。

在此之后，奥地利裔英国经济学家、新自由主义代表人物哈耶克旗帜鲜明地提出过他对“社会正义”的否定，作为自由主义者，他认为“社会正义”是有问题的，其理由支撑是：一方面，人们不可能在拥有自由市场秩序的同时，又按照符合社会正义原则的方式去分配财富，这里的财富包括时间、金钱与利益；另一方面，社会正义会摧毁自由市场中的交易秩序和自由主义市场的正当行为。于是他提出了“否定性正义观”，认为正义本身是带有“否定的本质”的，正义本身也带有个人属性。

而哈耶克的理论基础和分析途径基于以下三类正义的存在：

一是以目的状态存在，或力求规模化的正义，是在集体福利的基础上强调一种救济贫困者的集体义务，并且试图追问结果是否正义的问题。而这样的正义，本身就是为了救济贫困者呈现的，做不到集体的公平。

二是通过法律证明或者通过法律达到的正义，是法律的产物，法律之外并不存在任何理性的正义，因为法律已经足够理性了，这就意味着法律之外，任何“客观的”正义是不存在的，并且，所以根据外部道德标准来评价正义，根本上也是主观和形而上的。

三是追求程序、过程的正义，是在个人权利的基础上强调一种尊重所有个人权利（特别是财产权）的普遍义务，这种正义力图达到的只是过程中完全的正义，在结果上不一定就是正义的。

于是，他提出了自己“否定性正义”的观点：第一，如果正义是有意义的话，正义只能用来指人的行为，不能指结果是否正义，也不能用正义来描述人们并非刻意造成的结果。第二，正义本身，其实就具有禁令的特质，正义不能指导人们要做什么，正义只能告诉人们不能做什么，正义的目的在于防止人们做不正义的行为。简单说，正义不是倡导人们做某种行为呈现的，而是不让人们做某种行为。第三，正义既然是不让人们做某种不正义的行为，那么应该明确地告诉人们，正义所保护的对象是什么？不正义的行为侵犯的领域又是什么？第四，正义禁止人们做某些事情，本身也是一个否定行为的体现，而一次次正义的发布，是通过人类社会发展最终得以检验、论证，最终认可的正义规则，会继续否定那些不正义的行为，社会在否定中得以发展。

我试图把哈耶克的观点用通俗的语言翻译过来，但还是非常难懂，却可以在我们实现私人正义时作为某些指导。在我们决定通过自我行为行使个人认为的正义时，不妨先想想什么行为是禁止的，例如司机拒载，又例如私家车不让路，这些行为本身是被法律禁止的；第二，应该减少信息不对称，例如，酒店应该把接待的服务告知司机，这样一来，司机就会知道其实自己的拒载行为是侵犯利益的，救护车也应该通过一切办法将病人的情况告诉私家车，这样可以减少私人正义与社会正义的隔阂；第三，正义必须站在时间的纬度考量，对私人正义的行为进行时间段的预估。

而一切侵犯公众利益（公民生命）的所谓私人正义，都不能说是正义，只能说是个体行为。

第三点，我认为在上述案例中，在道德、私人自由和社会正义中，还应该考量一个概念，这就是“正义的成本”。

什么叫正义的成本？简单说，就是一个群体愿意为了实现正义而付出的成本。

在“正义的成本”里，曾经出现很多经典的命题，例如，“现代社会里，很多人都开车代步，如果自己的车被偷了，当然希望能找回来。那么，汽车失窃的破案率，该定在多少？政府又应该支付多少预算提高汽车失窃的破案率？”又如，“你丢了1元钱，你愿意花多少钱把小偷抓住？10元？还是20元？”再如，“《拯救大兵雷恩》这部电影里，为了能从战场上找回雷恩，美国军方派了一队人，最后牺牲了八位弟兄，才勉强达成任务。在电影里，雷恩的几位手足，都已经为国捐躯。美国国防部参谋长，接到雷恩母亲的信，决定派人把她仅有的儿子找回来。故事的情节感人，带队负责的汤姆·汉克斯演得好。可是，如果因此而阵亡的不是八个人，而是八十个、八百个、八千个弟兄，参谋长会怎么办？”

这些问题里，都存在群体对“正义的成本”的考虑，而归根到底，都是通过“成本投入”改变“概率”的经济本质。而“正义的成本”归根到底也是由人而定，由社会的大多数人所决定。一旦成本过高，就不得不放弃私人正义而追求社会正义。

从这一点来看，正义本身也是由社会的大多数人的利益决定的。开头提到的出租车司机愿意付出自己的时间成本、汽油费拒载是建立在自己对内心正义的成本可接受范围内做出的决定。而到了社会正义的层面，救护车被私家车影响，无法及时抵达，支付的则是生命的成本。而我们在决定某个行为时，就应该以你行使个人自由而引发的群体的付出成本去考虑。

基于上述理由，我希望我们每个人，在做任何行为前，尤其以“道德”去衡量我们所谓的“私人正义”时，不妨从道德的亲社会属性、互惠性与协作性、长时间的结果以及正义的成本去思量，避免个人行为影响社会群体的利益。

食物危机：卑微的坚持

粮食危机才是这世上真正的挑战，它也是一切混乱和动荡的根源。解决粮食危机，莫要把鸡蛋全放入一个篮子里，减少单一的依赖，实现多渠道互补。

晚上8点起飞的航班很尴尬。在交通不便利的城市，几乎没办法选择晚饭，你会5点开始赶上出租，7点到机场，然后，保持一小时的安检等候时间。有次飞行，恰巧和朋友一起，他第一次坐8点20分的航机，问我："有飞机餐吗？"我说："有的。"

当飞机起飞半小时后，空姐盛情款款地给每位乘客送上一小包花生米和一瓶矿泉水时，我的朋友傻了眼。的确，他理解的飞机餐应该是盒饭或者面条之类的。但今年春节开始，很多航空公司已经把飞机餐换成烧饼、热狗等简易食品，在尴尬的时间（非正餐）里，他们更多会选用简单的零食。有时是花生米，有时会是杏仁，也有时好点，是多种果仁的搭配，例如葡萄干、核桃和开心果。我笑着说："用一小时品尝一小包花生还不错，一袋子里有三十七颗花生（我曾经数过），平均一颗花生可以分配差不多两分钟的时间，在口腔里可以把花生变成花生糊，也算是别样的优雅。”在朋友表示不满后，我说：“就当为世界粮食危机做一份贡献好了。”之后，我把自己那小包花生米给了他，他一定饿坏了。随后，我开始了对食物的联想。

我想大自然给人类最可怕的灾难，或许不是地震、火山爆发、台风、海啸之类的，而是粮食危机。聪明的自然总会让“人自取灭亡”——我的意思是自然对人类最大的威胁在于气候变化导致粮食减产，导致粮食价格攀升，并且，随着人口不断增长与老龄化，在人口与粮食之间的矛盾中，各国之间最终往往有可能引发恐慌性采购、出口禁令以及粮食骚乱。

中国作为世界上人口最多的国家，粮食问题尖锐而明显。甚至，国外有学者把世界粮食危机的根源归咎于中国。他们认为：首先，中国的人口基数决定了粮食的消耗量；其次，中国消耗牛肉越来越多，而牛需要吃粮食。作为中国人，我不想在这个问题上解释或掩饰太多，中国的粮食需求大是一定的，而我更关心的是，如何解决粮食危机。

要解决粮食问题，首先要理解粮食问题涉及的几个因素，明白粮食危机的原因到底是什么。所谓粮食危机，俗话说，就是粮食不够用了。但本质上，它包括六个层面的内容：

1. 与石油有关（作为一切利益的根源，当今世界已经没有任何东西与石油无关了），油价上涨带来粮食成本增长，包括肥料成本、运输成本以及生产过程中的柴油成本。

2. 气候变化，包括自然灾害、洪灾、旱灾。

3. 由于石油价格提升，很多原本作为食用的粮食被当成生物燃料。例如，美国20%的玉米已被用于生物燃料生产，欧盟65%的油菜籽、东盟35%的棕榈油被用于生物燃料生产。

4．美联储不断降息，国际热钱进入国际农产品期货市场投机炒作。

5．由于粮食价格不断提升，导致粮食进口国加速进口，粮食出口国限制出口。

6．长期以来，发达国家的巨额农业补贴严重扭曲了贸易，人为压低了国际农产品价格，致使发展中国家的中小粮食生产者和农民不得不放弃农业生产。换言之，从事农业生产的人越来越少。

把人当成一个企业，粮食问题有点像企业与供应商之间（原材料购买）的问题。成熟的企业是怎么做的呢？一般会同时挑选好几个供应商，这就是商业常说的“不要把鸡蛋放入一个篮子里”，其目的是通过多方采购，防止供应商对原材料的垄断，以防供应商获得定价权而导致成本的提升，其本质是：弱化对单一供应商的过分依赖。

这点放在粮食危机上同样成立。解决粮食问题同样得减少对粮食供应方的过分依赖。这里所谓的“粮食供应商”具体包括什么？我认为有两个层级：一个层级是国家层级，不要过分依赖粮食出口国，必须保证国家农业用地的范围，这点属于国家政策；第二层级是农民群体，我的观点是，不要过分依赖农民群体。

这个世界上并不是任何事情都是对半分的。世界上没有规定只有农民可以种地，也没有规定必须是农民种植粮食。所以，很多时候，我都认为在抵抗粮食危机的问题上，最好的办法还是老话：“自食其力，自己动手，丰衣足食。”

《论语·微子》有句话说：“四体不勤，五谷不分，孰为夫子？”在当今社会很多自称为知识分子、精英阶层的人往往缺乏农业常识，不懂粮食种植。其实，如果我们愿意花点心思学习粮食种植，或许会更灵活地面对粮食危机。其实在很多先进国家，比如日本，已经开始研发多空间粮食种植了，例如，在地下室、在墙体、在车库；并且，现在也有很多发达国家开展私家农场的建设，大力发展私人粮食生产。例如，在阳台上种菜，在天台上种有机蔬菜等，只有自己具备粮食生产能力，才足以对抗危机。

说到种植粮食，我想起一个人：日本著名纪录片导演小川绅介。日本电影评论家山根贞在他去世后，曾根据他的讲演录音整理了一本书——《收割电影》。该书分为春、夏、秋、冬四章，讲述了小川摄制组从拍摄学生和农民的抵抗运动起步，到拍摄稻谷、村庄，拍摄农民的心灵世界这一转变和成长过程。

小川绅介几乎用一生去寻找纪录片的第一要素："时间"。他带着自己的摄制组长时间与土地和农民生活在一起。从1967年到1972年，他待在三里冢研究水稻（当然一开始拍纪录片的初衷是人民反对修建东京成田机场让他们迁移的抗争运动），最终参透了粮食中生与死的关系，也寻找到了他一直追求的"捕捉劳动者全身的心灵的呼吸"。

里面有几个片段令人印象十分深刻，有一段描写自然对人的融合的，有一位老爷爷，他爱喝酒，走路摇摇晃晃，到了收割稻子的季节，学生们就去帮他收割。三里冢的庄稼地里有好多红蜻蜓飞来飞去，一片美丽的晚秋景色。小川绅介发现，老爷爷弯着的腰上有一只蜻蜓，而学生们的腰上却没有，道理很简单：这位老爷爷的腰很稳，纹丝不晃。那个片段让小川绅介发现，自己对粮食简直是无知。

接着，他又发现，种植粮食其实是一门博物学，也就是说：风、土、水、气温、地形等都装在农民的脑子里。这就有一个很有意思的论断了，人一生最多也就能种50回稻子，而稻子的习性，其实是在几百年时间的劳动总结中形成的。

最后，他还发现植物通过根部吸收养分，是一个不断在牺牲毁败中，以舍弃部分身体而获得营养的过程。我们现在吃到的粮食，本质上都是跟随环境进化变异了的粮食，那些曾经正常的，不是异类的粮食其实已经在时光中被淘汰了。而人的生命，就是在以土地为母体的环境中，一代代延续下来。

或许，你不可能像小川绅介一样，对粮食的本质挖掘得如此透彻，对“稻之心”有着神圣的心灵美学般的信仰。或许，你永远都不知道筷子在日语里的发音是hashi，在佛语里是境界的意思，也就是连接那个世界和现世的桥梁……但我希望你尝试种一次粮食，在那个充满汗水与艰辛的过程中，洞察人本该抱持的对土地的敬畏，以及农民群体那些朴实而卑微的坚持。你了解了这一切才会明白，需要在尊重自然的基础上化解粮食危机。

人口红利：消费创造力

人口红利，归根到底，是劳动人口和人力资源的竞争力。有效的劳动力带来了经济发展和城市文明，也给整个国家带来财富和收益。

在过去的很长一段时间，一提到“人口”，我们总关注中国人口的总数，无疑，中国是全球人口最多的国家，但其实中国人口密度并不大，排名在世界各国100名之后。然而，城市交通问题的突现、就业压力以及住房教育医疗的问题，往往让我们过度放大人口的弊端，而忽视人口本身的价值。

直到有一天，在一个城市价值再造论坛中，我听到一个朋友说：“过去我也很反感人口问题，一出门，到处都是人，直到有一天，我发现一座人口缺乏的城市是谈不上精神文明的，城市真正的文明等级与人口有关。所以，我认为问题不是出现在人口多与少，而是出现在城市整体的功能布局及产业联动。”朋友的话惊醒了我。仔细一想，的确有道理，那么为什么有人口才有精神文明呢？为什么人文艺术的创建是在人口基数的前提上呢？那么，到底多少人口的城市才能产生精神文明呢？

在这一系列的问题中，首先肯定的是，人口是财富，更精准地说，人口是推动城市发展的源泉。如何理解“源泉”的本意？关于人口，20世纪最了不起的自由主义思想家哈耶克曾有三大观点：一、人丁兴旺是文明的重要标志，人口数据作为表象反映的是城市环境的稳定；二、人口的生生不息才能使得文明生生不息，精神文明是一种智慧的传递，是一代人一代人传承下来的；三、成本核算就是生命核算，人口的成本是城市主要成本的支出，而换言之，人口成本支出后的财富，也是城市的财富。

按照哈耶克的观点，一个国家/城市要想变得强大，必须重视人口本身的价值。这个道理也体现在2012年的美国总统大选上。这次大选，奥巴马胜利的原因是什么？有人说是民主党的胜利，有人说是共和党的失手，其实都不是，其本质是罗姆尼与奥巴马对人口变化关注程度的差异。奥巴马对人口变化的关注，显然要比罗姆尼更具前瞻性，2012年10月，在其接受《德梅因纪事报》（Des Moines Register）一次事后被公开了的闭门采访中，奥巴马表达了内心真实想法，他说：“如果我成功连任，主要原因在于……共和党提名候选人和共和党对美国民众中快速增加的群体，也就是拉丁裔社区，一直被主流社会疏远隔膜，他们很少有价值关联。而拉丁裔人口的快速增长是一个较新的现象……我相信他们今后对搞定此事会深感兴趣。”

事实上，2012年11月6日，我们清晰地看到新生群体是如何将共和党淹没的。民调表示，支持罗姆尼的选民中89%是白人，而奥巴马的白人选民支持者是56%。支持奥巴马的拉丁裔选民创下新的历史纪录，占71%；而罗姆尼只有29%，远远低于共和党小布什2000年当选时的44%。

所以，奥巴马的获胜是人民的获胜，归根到底，是大多数人的胜利。当然，人口价值除了在决策层面有关键作用外，从一个国家/城市竞争力的角度来说，还有一个名词，叫“人口红利”。

所谓“人口红利”是指：一个国家的劳动年龄人口占总人口比重较

大，抚养率比较低，为经济发展创造了有利的人口条件，整个国家的经济呈高储蓄、高投资和高增长的局面。

任何一个国家的竞争力，归根到底都取决于“人口红利”。正如美国“哈瑞·丹特基金会”的主席和创始人哈瑞·丹特所坚持的观点：“人口趋势是经济走向的自动报警器，而多数经济学家不那么做。比如，我们可以知道美国人们平均会在26岁结婚，28岁有第一个孩子，31岁买第一套房，42岁换套更大的房，46岁前花掉此生的大部分钱，在54岁把大部分钱存起来。”

人口趋势影响着人口红利。与美国类似，其实全球人民基本都在干着类似的事情：人们普遍在青春期恋爱，二十多岁就业，三十多岁有子女并开始投资股市积极置业，四十多岁接近或达到收入峰值，五十多岁投资结构趋于保守，资产配置从股票、房地产等追求收益的积极投资，转向债券和储蓄甚至保险等关注风险的稳健投资，六十多岁拥有孤独的闲暇，70多岁道别并离开。

掌握了这个法则，就等于掌握了一座城市人口红利的变化。以中国为样本，中国经历了三次人口集中爆发，第一轮人口生育高峰出现在1954年，2232万人；第二轮人口生育高峰出现在1962—1973年。1962年出生人口2437万，1963年达到顶峰2919万。但1964—1973年，每年都维持着2400万～2700万的生育人口，堪称中国的“婴儿潮”；中国第三轮人口出生高峰，1985—1993年，每年出生人口都超过2100万。

将这三轮人口增长套用上述的“人口趋势公式”（其中22岁～24岁是人口增长兑换成经济的重要时期），我们就不难发现，为什么1987—1989年，是中国物价上涨较快、社会问题较多的时期。原因是：1963年前后出生的人口在这个时候恰好进入结婚生育时期；而从1992年到1994年，中国经济又进入了一个癫狂增长期，原因在于1994年是婴儿潮时期

（1963—1973年）的青年结婚生育的最后一年。同样，到了2001年，婴儿潮时期（1963—1973年）的青年进入28～29岁的结婚生完孩子后的阶段，生孩子的生活压力没有了，逐渐开始改善自己的生活，对购房买车的需求逐渐提高。换言之，他们是中国最有消费能力的一群人，他们带来的，就是众所周知的“人口红利”；再到了2009—2012年，婴儿潮时期（1963—1973年）的青年的儿女（1987—1989年）出生的孩子又到了22～25岁结婚的年龄了，于是又有了房价的增长。

在这样的人口趋势、人口红利、人口周期中，人口基数的变化（通过储蓄、消费、投资等层面）也在决定着经济环境的变化，每20年的变化就代表四代人的出生与消亡，于是国家经济也在扩张、觉醒、拆解、危机四个阶段中，进行着春天、夏天、秋天、冬天的诗意变化。在经济周期变化中，一个国家的国民年龄平均数出来了，中国目前平均年龄是32岁，正是年富力强的中坚时期，这保证了中国政府至少有10年左右的充裕时间在未来逐步完善社会保障制度，以迎接老龄化冲击。美国国民平均年龄为45岁。而日本，早在1987—1992年间，其国民的平均年龄超越了45岁并逼近50岁了。

于是我们不难理解，为什么美国、日本都在鼓励生育，整体老龄化的社会，用人口趋势公式一对比则是：46岁前花掉此生的大部分钱，在54岁把大部分钱存起来。老年人不消费了，这才是美国、日本经济走下坡路的根本原因。

从这一点看，人口的确决定着一个国家/城市发展的竞争力，回到开头的主题，那么，对一座城市而言到底需要多少人口，才有可能催生精神文明呢？专家给出的数据是15万～20万。

这个数据很有意思，我曾思考过它是怎么来的，后来我通过一条理想公式解答：从精神文明催生的角度出发，学校是一个关键的城市配套设施。我假设这座城市有三所幼儿园、三所小学、三所中学、一所大学，那么幼儿园、小学人口与中学人口一样，分别为每一所学校1000人，那么幼儿园、小学和中学加起来就是9000人，大学人数为所有中学人数的总和，那么就是3000人。所有学生人口加起来是12000人；每个学生都有个父母（父辈），学生的父母一共是24000人；每个父母都有父母（祖辈），则是48000人；而爷爷奶奶还有父母（曾祖辈，假设他们都健在），他们有96000人。这才构成人口趋势的四代一循环。

所以一座城市的人口为：12000+24000+48000+96000=180000（人）正好在15万～20万之间。

那么，为什么一座城市如果符合15～20万人就会有精神文明催生呢？里面又包含三层含义：

第一层含义：分工完成。

从城市市民劳动分工的层面已经分离出脑力劳动者和体力劳动者，一座人口数量不够的城市，人的分工是不成立的，没有原始的基数，根本不可能分离成脑力劳动者和体力劳动者，例如部落，只是小群体，所有人都是一个角色。

第二层含义：环境安稳。

精神文明之诞生是基于物质层面满足之上的，一座能容纳15万人口的城市意味着城市配套设施的健全以及全年龄市民生活的满足。重点不仅形成了，而且是完善的，这表明城市的基础建设的可靠性与稳定性，是经过时间检验的绝对稳定，而不是短暂的相对稳定，从某种意义上来看，整座城市的知识结构完成了。第一代人口，解决的是生存的问题；第二代人口，解决的是财富创造的问题；第三代人口，形成阶级与群体；第四代人口，关心自我价值实现，而这一点与马斯洛人的五个需求等级又是一致的。

第三层含义：外来文化。

相信只有少数的人才会认同我刚才的公式，按照那个公式去理解，前期48000口人从哪来呢？原住民有这样的基数吗？恐怕很难。所以，实现15万人口基数的城市，注定包括外来者。或许是气候、环境、资源、地理等原因，一些外来者迁徙到全新的城市，在原居民与外来客之间，形成了文化的碰撞，以及信息的沟通，最终不同的意见、文化、语言、艺术交织融合为这个城市特有的精神文明。

换个角度理解，也一样成立，如果一座城市人口从15万人瞬间减少到5万人口，则会出现：现有城市资源荒废，城市快速进入老龄化，知识文明的传承断层，城市人文发明与创造终将被遗忘。

从上述三层含义来看，15万～20万是一个门槛，人口基数、人口趋势、人口红利、人口周期多个方面都在影响和制约城市的竞争力，也决定了城市精神文明的生与死、繁荣与衰落。

向机器人宣战

人口是红利，也是压力，养活世界这么多人，并非一件易事。我们中的每个人，即将面临工业化新时代的到来，机器人将接管世界，我们需要变得比机器人更有竞争力。

偶然看到一件很有意思的事，美国某媒体大亨正进行新一轮的报纸内容改版，准备把报纸内容全面颠覆，站在未来的角度，只报道（或探讨）未来十年、二十年人类依然会喜欢看的内容，于是报纸内容变得非常有创见性与前瞻性。

这位媒体大亨说："10年、20年、50年后，人们还会像我们今天那样热衷于讨论政治和娱乐吗？什么东西是未来的人类愿意看并且不会被未来人类耻笑的？我们是否有可能挑战未来的人类？……"在新闻发布会上，该媒体大亨提出自己对未来的担忧，例如，粮食、气候、灾难……这是一次与报纸时效性对抗的命题假设，他很激动（说现在人不为未来多想点，简直是白活了），而他的话却引发了我对世界的另一种想象。

他让我想起了一个牧师曾经（我出生的地方有个小教堂，是战争时期留下来的，我孤僻的少年时代经常去那里玩）对我说的话：“上帝之所以让我们活着，只因为我们肩上还承载着他赐予我们的使命。”而我想，哪怕我们无法进入50年后的世界，但至少，我们可以尝试站在未来的角度想一想，我也曾经苦苦思索，生命湮灭之后，如何证明自身活过？我想，恐怕只有改变世界的思想。

于是，我进入无比痛苦而纠结的一周，这一周，我在思考一个庞大而复杂的问题。我试图从多个角度解读，一直没有结果。

直到某天，我登上飞往青岛的航班，坐我隔壁的老太太正在用线串着一颗颗果实的种子，从飞机起飞到降落，她一直穿着珠子。后来她告诉我，她正在做一条手链，给她的孙女。我仔细观察过那些果子，果实坚硬，浅白或灰色，圆形，比黄豆略大，我在少年时代也曾见过这种果实。

这种果实学名叫薏谷，也叫薏仁谷、薏苡谷，常见于南方的河畔。而我身旁老太太手中的薏谷手链，由于果实是纯天然的，每颗珠子都不同，每一颗都拥有着不同的质感与光华。

老太太的行为，成为我苦思近一周的问题的答案，有点像神的旨意。

一周前，我看完那位媒体大亨的言论后，开始想一个与人类未来有关的问题——“我们中的每个人，即将面临工业化新时代的到来，在这个全新的时代，机器人将接管世界，大量廉价劳动力将进入集体失业时期，任何一个国家都将面临失业大潮……这时候，作为传统的劳务工作者，怎么办？”

19世纪初工业革命对劳动力的影响是，解雇一半以上的工人后经济还能正常运作。200年前，70%的美国工人生活在农场里，现在，自动化把这些工作消灭得只剩下1%，机器代替了他们和他们的牲畜。而在未来，整个世界将有70%职业全面被自动化的机器人替代。

在中国，劳动力成本的上升更为自动化机器人打开了一个巨大的市场空间。中国是世界第二大经济体，机器人替代传统人工劳动力是一个趋势，而全球制造业的格局更会因为机器人的广泛应用而发生深刻改变。台湾商业教父郭台铭更计划在未来三年富士康生产线将引入100万机器人，以代替人工。郭教父引入机器人的原因很直观，机器人不会抱怨、不会跳楼，也不会死……甚至，能24小时不休息……

商业社会，富士康的出发点很简单，目前富士康的员工已超过百万人，绝大多数是站在生产第一线的年轻工人。富士康企业庞大，但其利润率相比其他行业低很多，其中生产苹果产品的利润率甚至仅有1.5%，而庞大的人力成本和由此产生的管理费用却不断增加。而我关心的是，郭台铭所言的机器人无非是流水线上半智能化的“机械手”，可一旦实现了机械手与人手之间一对一的置换，在大陆二十余城市共有120万雇工的富士康至少可置换出50万个以上的雇工岗位来。

这些失业的员工怎么办?

专家指出，2011年中国使用工业机器人22600台，到2014年中国将成为机器人全球最大市场。从经济学的角度来看，中国制造业大量引入机器人，其实与中国即将经历的“刘易斯拐点”有关，即劳动力不再是无限供应的市场，甚至在某些行业出现了供不应求。例如，最近几年经常上演的春节后招工难，以及劳动力工资大幅上涨等现象，都是刘易斯拐点，即劳动力过剩向短缺的转折点的印证。而且从国际数据来看，2011年，中国每1万名产业工人中拥有机器人的数量是21台，而国际平均水平是55台，美国是135台，韩国是347台，换言之，中国制造业将会引入更多的机器人。机器人的规模化引入会直接让更多人失去工作。

这个问题让我焦虑，我的父亲是第一个从农村来到城市的知识分子，而我的叔父、姑姑也都曾经是工人。

机器原本是为人类更美好生活而被创造的，而突然有一天，我们发现机器不仅替代了我们的双手，甚至将我们的角色都替代了。我们不可能要求所有的劳动者都接受过高等教育，那么纯粹出卖劳动力的人们怎么办？我用很长的时间思考这个问题，直到我遇见飞机上那位穿珠子的老太太，她的行为为我打开了一扇门——“向机器人宣战！”

人类如何打败机器人？

我的第一个观点：要看到一个区别，多与少。

制造业机器人规模化的运用，是建立在系统化程序设定的基础上的，目前制造者大量使用的机器人主要是按照事先编写好的程序指令依次操作的“程序控制机器人”和提前将各种作业、位置、条件等用数值或符号表示，然后再通过编程控制的“数值控制机器人”（另外三类分别是：用于月球探梦/拆卸危险物品/核电站内部检验的遥控式机器人、陪人聊天的智能机器人、为机器人示范工作流程的示教机器人），其目的是实现快速、高效、标准化、流水式的出品。这类机器人的运用，恰恰为“定制化产品”、“限量版奢侈品”提供了更广阔的机会，机器人的大规模运用，恰恰让“手工、工艺”变得珍贵。

那么，这些独特的“手工、工艺”如何形成，我非常认可《长尾理论》作者克里斯·安德森所说的：“人类的未来，是个体制造时代的到来。”如果不想成为机器人时代的流放者，不如自己动手设计产品，正如克里斯·安德森认为的：“数以百万计发明家和爱好者的集体潜力即将喷薄而出，全球制造业将由此掀开新的一页。”我关心的则是，这样的创造和发明有多难？是否需要知识？对于未经过高等教育的劳动者而言，怎么创造和发明？于是，有了我的第二个观点，最简单的创造与发明，无非是把丢弃了的东西找回来。

国外有句经典的俚语，“不知道怎么打毛衣，回去问你奶奶”，对于中国从农村到城市的劳动者而言，把丢弃的东西找回来无非是指以敬畏之心向祖辈学习，寻找那些在现代文明下丢失的家庭财富（流传在家族里的文化遗产）。机器人的来临除了让产品生产更快进入定制化创新时代之外，还将催生家庭式手工作坊的出现。举个例子，某种调料的秘方、某种家族特有的手工艺、某类种植生产中的经验，都意味着财富，毕竟，有些事情是不传外人的，机器人无法学习。

除此，机器人的大量运用，其实也在导致劳动力从体力到脑力、从传统工业/制造业向文化艺术产业/服务业的转化。目前看来，人与机器最大的区别在于沟通与沉默、温暖与冰冷、感性与理性的区别。机器人无法将智慧与经历通过情感化的加工二次输出，所以打败机器人最好的方式是将情感运用于文化服务业的创造中。例如，私人情感医生（心灵治疗师）、育婴师、营养顾问等，毕竟，没有人会相信机器人能理解自己的情感，没有人放心把自己未满一周岁的孩子交给一个机器人，更没有人相信一个机器人的饮食习惯。这么一来，在机器人时代来临之际，人与人之间的关系倒是更贴近了，那么请“open your mind”。

当然，如果你是一个资本家，不妨关注下传统民间艺术的发展，保护非物质文化的发展，恐怕是未来最有价值的事情之一。我始终认为，受收入、环境、家庭观念影响，那些劳动者仅仅是教育层次不高，而他们的艺术创造力未必弱。只是曾经的廉价劳力出卖以及刻板的工作要求，扼杀了他们内心对艺术的欲望。如果我们能给他们一个平台，他们没准会创造出让世界震惊的作品。这是上帝给予人类的禀赋，给予人不同的眼睛去看这个世界，去表达内心。

我的第二个观点：激发创造力。

我想说，中国的农民有惊人的创造力。两年前，我曾经在上海外滩美术馆看过艺术家蔡国强策划的一个叫“农民达芬奇”的装置展，其中共展出9位农民的60件作品，安徽人陶相礼发明的航空母舰；安徽人杜文达发明的飞碟；湖北人李玉明发明的潜水艇；广东人熊天华发明的飞机；浙江人徐斌发明的自转旋翼机；江西人吴书仔发明的直升机；北京通州人吴玉禄发明的机器人等。其中，来自四川绵阳的王强制作的飞机，能够飞3000米高，累计飞行了100多小时。而他的梦想："有一天能够从绵阳飞到100多公里外的安县。"

我记得那时，最震撼心灵的是，当时一楼展厅的入口山东"农民达芬奇"谭成年破烂的飞机残骸，主要的部件带有损毁的痕迹，由一根根细线垂吊着。墙上的白色大理石，右侧投影着谭成年当年开着自己造的飞机的影像，当年谭成年献给妻子的礼物就是一起乘坐自己造的飞机飞上蓝天。后来一次试飞是2007年，谭成年和自己的飞机从空中坠落，不幸罹难；左侧投影着他生前写给自己的墓志铭，这个墓志铭不仅讲述了人类开拓未来所付出的代价，更看到了中国男人和中国农民的浪漫情感。

而在稍微轻松点的四楼空间里，则悬浮着湖北农民李玉明制造的五艘潜水艇，空中悬挂了其他农民创造的四架飞机和直升机，小鸟在空中飞翔鸣叫，地面种着草、开着鲜花，向上看去的玻璃天顶外，几只小飞碟与天空连成一片，意在创造一种富有诗意的童话般的精神空间。

从这些作品中，我们不难看到中国农民丰富、大胆而饱满的创造力，无论未来这样，我们都为这样一群发明偏执狂而骄傲。一旦被机器人替代了，流放了，不如回家做个发明家、创造家、艺术家。

做一个生活的艺术家吧！没有买家会为机器人的作品埋单。在我看来，飞机上那位为孙女穿薏谷手链的老太太就是一个生活中的艺术家。我不知道薏谷的保存期有多长，也不知道这串手链最后的样子，但幸运的是，我曾经在一次飞行中见证过一位老人如此真挚的心念。

一如那个牧师，在大雨滂沱的午后，遇见一个淘气的闯入教堂的男孩，在等待雨停的时间里，他并没有驱逐男孩，而是怀着某种心念，对男孩说："上帝之所以让我们活着，只因为我们肩上还承载着他赐予我们的使命。”他也一定不会知道，自己习惯性的一句话以后会被这个已为人父的男孩想起。

是的，保持思考，就一定不会被机器人替代，最好还努力保持着一颗感恩、敬畏的心，无论对人，还是那些曾经丢失过的文化与故事。

（备注：我把《农民达芬奇》中作者的名字一一摘录，亦是希望未来的人们记得他们，每个人都不同，而生命自有属于他们的伟大。）

第五章

更美的城市

Idea
economics
CLOUD
sale
internet
MARKETING
SUCCESS
45%
25%
30%
15%
7%
48%
MAIN
2000

云端垂直经济

“垂直城市”本质上是全人类的需求，作为开发商、出资方、建筑方、入驻者，只是在特定的时间，成了代言人类需求的手。

意识与行为之间是怎么传达的？有人说描述潜意识行为就是：你做出一个选择，可能没有什么逻辑，也许你也不知道是什么理由，但你决定了，并且做了。

每次当有人问我对全国各地甚至全球地标怎么看时，我总是会想到“潜意识行为”。当世界上越来越多建筑越来越高，从300米到400米，从500米到800米时，我开始思考“垂直建筑”出现的原因。

提到“潜意识行为”，我经过多次访谈和调研，很多出资方并不认为自己了解此类建筑的意义，在他们的逻辑中往往存在以下两种情况：第一种，“他们能做，我们为什么不能做呢？他们都敢做，我们为什么不敢做呢？况且，我们资金比他们雄厚。”这一类，属于个体对另一个体行为的模仿与趋同。而另一种回答则是：“整个区还没有此类地标建筑，我们做这样的产品有唯一性，此外，我们学习的对象是日本六本木的HILL模式，把各种业态都整合在一起，住宅、公寓、酒店、商业、办公、会所，业态多了的话，推向市场感觉更灵活点，也更安全点。”此类逻辑，是基于市场分析之上，追求第一与唯一，也符合“22条商规”中的“唯一定律”。从这两类逻辑中，我们明白了地标建筑为何越来越多、越来越高，我用一个词概括：“垂直城市竞赛”。

而在“垂直城市竞赛”中，天空仿佛被建筑支撑起来了，在远离地面300米的高空上形成了多个据点构成的另一个平行世界，而被誉为“云端支点”的建筑，已不仅是城市地标，而且是世界级地标，超越过去的金字塔、长城、自由女神，如今从高空俯瞰世界，你会为“迪拜阿尔法塔、日本天空树、乐天123、台北101”等世界地标着迷。

而我在分析“世界地标”存在的意义时发现，垂直型城市建筑是典型的使用者、购买者、制造者分离的建筑（区别于私家城堡的居住），垂直城市建筑的受利者是一切与它发生关系的人，包括底部商业消费者、中间公寓居住者、中部的办公写字间使用者（企业及他们客户）、上端会所招待的朋友，以及酒店服务的每一位客人。所以，当意识到这一点时，我发现“垂直城市”本质上是全人类的需求，开发商、出资方、建筑方、入驻者，只是在特定的时间，成了代言人类需求的手。

所以，在追寻“垂直城市”的意义时，应该从人类需要的本质考虑。

“垂直城市”出现的第一个原因是“人总想着脱离地面”的意识呈现。

这种形态，好比15岁的孩子总想脱离父母监督，人其实从未放弃过离开地面的梦想。虽然，地心引力维持了日常生活的“和平”，但人总想脱离，于是有了飞机、热气球、帆船、火箭、月球探梦。这类潜意识，放在建筑层面一样成立，“垂直城市”本质是基于人类对土地资源的不安全感，所以才会将城市生活从扁平化的生存结构推向垂直的趋势，人们发现，可以通过空间的堆叠实现单一土地资源的高复合运用。

（也有学者认为这样的空间堆叠是基于“勒·柯布西耶”两大建筑设计原型里“多米诺型住宅”和“Monol住宅”中的前者，所谓的多米诺型住宅就是水平层的地面靠几根柱子支撑，另一方面由台阶组成统一的构造体系，“勒·柯布西耶”的结构原型让空间无限向上堆叠，当然，现在还出现了“参数化非线性”建筑设计。）

在这样的空间堆叠中，实现了人的聚集，足够的空间吸纳了大量的人，大量的人生活在一起，就促使从建筑物理层面的空间堆叠到人自身行为的重叠，这样的重叠不是自发的，是通过外力营造的。但是，这样的多个个体行为的相互影响，对于城市价值创造是有用的。

“垂直城市”出现的第二个原因是通过外力促使“人生活形态最大程度的重合”。

有了这样的重合，会实现资金流在单一范畴内的自运转。我们经常说业态的关联，商场、公寓、办公、酒店、会所的建筑业态组合相互哺育，表象是人的城市生活体验的便利性、灵活性，但本质上是通过不同属性人的生活、工作、消费、娱乐等需求的重合，实现资金的自运转。换言之，就是“垂直城市”实现“消费、储蓄、投资”同地化，这样一来，不同人的生活轨迹最终统一成“垂直城市”的运作系统，各种功能开始相互影响，最终成为整座城市财富的催生源。而在“自运转”的“垂直城市”中，建筑的影响力开始放大，对外部城市的吸引力也逐渐释放，因为“自运转”不仅带来财富的衍生，同时也带来了人群整体消费水平的提升，以及人的享受品质的提高。这样，外部城市有同样高档消费品位需求的人们，开始客观地审视自己所处的城市无法满足自身品质需求的问题，开始向拥有“垂直城市”的区域迁徙，而拥有地标建筑的城市，也开始拥有城市名誉与声望。这时候，“垂直城市”的意义就出现了，任何一座有野心的城市，都想拥有自身的吸引力。

“垂直城市”出现的第三个原因是城市需要创造自身的“磁极效应”。

任何一座城市的发展，都离不开资金、人才、知识，而“磁极效应”指的就是城市通过自身超越绝大多数人的奇特体验，从需求本身，让高消费人群、知识分子、精英领袖们，全民迁徙。

当城市吸引的人越来越多的时候，就会出现一个结果，原来设计的地标建筑已经不能满足现有高消费人群的需求了，必须找一块地再造一座“垂直城市”，并且这次建造的作品要比第一代“垂直城市”更高，设计师必须有预见性。于是，第二代、第三代、第四代“垂直城市”就出来了。此时，“垂直城市”不再是第一代的单一建筑，而形成了一个“群落”，我们将这样的群落称为“垂直城市集群”。接着，不同的城市都开始打造自己的“垂直城市集群”（这样的模式的确符合发展的需要与资源的高效利用），而当所有的城市都拥有自己的“垂直城市集群”的时候，我们就可以看到北京的国贸三片区、上海环球金融中心片区、香港环球贸易广场片区……这个时候，城市都拥有成熟的“垂直城市集群”，单从建筑本身，不具备吸引力了，而城市还需要发展，城市对“资金、人才、知识”的渴望是持续的，这时就有“超级垂直城市”出现了。作为“超级垂直城市”，比的不仅是资金，比的还是“胆识与技术”，而“超级垂直城市”出现的意义就变得清晰而简单，其目的只有一个：全球制高点。

“垂直城市”出现的第四个原因是城市意志力的崛起。

正如现在为什么越来越多的世界地标出现在亚洲？我们甚至可以将全球前20个世界地标做个排序，其中绝大多数在亚洲，它们的出现也意味着“亚洲的崛起”。

1. 1000米以上的吉达王国塔

2. 828米迪拜阿尔法塔

3．660米深圳平安国际金融中心

4．640米首尔Light DMC塔

5．638米雅加达签名塔

6．632米上海中心大厦

7．606米武汉绿地中心

8．601米麦加皇家钟塔饭店

9．597米天津高银中国117大厦

10．555米首尔乐天世界大厦

11．551米多哈会议中心大厦

12．541米纽约世界贸易中心一号大楼

13．530米广州周大福中心

14．530米天津周大福滨海中心

15．518米大连绿地中心

16．516米迪拜Pentominium大厦

17．510米釜山乐天世界大厦

18．508米台北101大楼

19．500米深圳佳兆业环球金融中心

20．492米上海环球金融中心

据城市人居理事会（CTBUH）统计，在2000年，世界摩天大楼的天际线平均为375米，到2010年，这个数字已经达到439米，而预计到2020年，这个数字将超过598米。城市在一个个“云端造极”的“垂直城市”运动中，进行土地利用的净化与财富的聚集，而当你所处的城市、国家拥有类似上述的世界地标时，国家和城市的等级一目了然。而这个时候，“垂直城市”不再像一个建筑，而开始成为一种心理和精神层面的艺术，它是一个国家的象征，一座城市经济的风向标，代表了希望、梦想和人民的愿望。

综合以上原因，我们可以洞察到，“垂直城市”出现的第五个原因是“代表国家/城市的精神图腾”。因为绝对的身高，这样的建筑出现在该城市绝大多数人的眼中，受城市的每个公民仰望与敬畏，成为鼓舞人心的力量。

汤马斯·弗里曼曾说“世界是平的”。这句话目前成为很多企业品牌的座右铭。在“垂直城市”的版图之上，世界也是平的，脱离地面375米的地方，有另外一个国度，那里可能有最神秘的奢华，例如，目前丽思·卡尔顿正在考虑和这样的多个世界摩天大楼合作，构造世界最高的酒店集群。或许未来，我们在仰望天空时，也会情不自禁想象一下，在那个云端上的国度，或许可以品尝到云层拂过窗口时那杯特制浓缩咖啡的味道。

此时云端的你，是不是特有成就感?

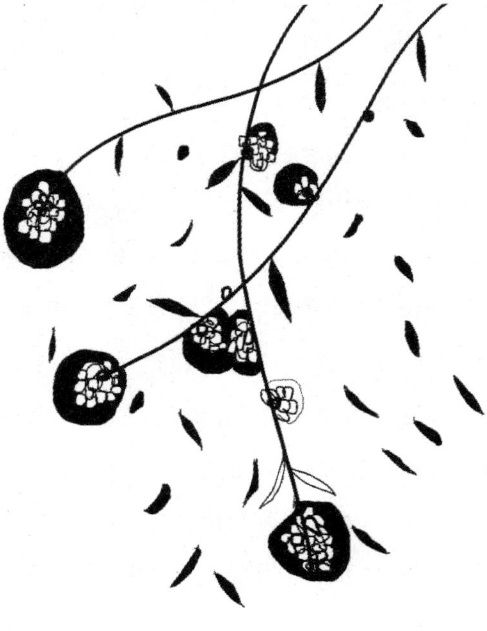

游离在公与私之间

本质上，私有物品与公有物品之间是以时间分割的，时间一长，私有物品可以变为公有物品。当私有物品逐渐从个人物品转化为公有物品时，它的价值得到了更大发挥。

上飞机前，我刚参加完一个会议，某地产开发商营销中心里，人们正在为一块70年产权的用地与周边40年产权用地的竞品做定价分析，多出来的30年，到底值多少钱？最近遇到的类似问题还挺多。

前两天，一朋友让我参谋他手头一块地的定价到底是多少，那个项目位于江苏南通市崇文区某一地段，占地两亩，建筑面积1200平方米。前身为一座寺庙，南通新年祈福的第一炷香在这里燃烧。园区内有一条小水系和一棵289年的古树（银杏），为了让销售更有噱头，朋友和摩根汽车合作，新主人将获赠摩根汽车一辆（价值150万）。那块地，朋友的心理价位是9000万~1亿元，他问我，觉得这块地值多少钱？我没说话。

我看完项目照片和现在那莫名其妙的建筑后，只想说，这样的土地只能说是无价。毕竟那是过去南通新年祈福的第一炷香火啊，多少代人生生不息的信仰（我对新年第一炷香火、第一发鞭炮、第一簇烟火，总是心存期盼，我总觉得，只要一家人能看到新一年的气象，就拥有战胜一切困难的力量），如果要我定价，我会希望是无价。

再往前翻，一个月前，我同样遇到类似的问题。某外资开发商买了一片珍贵的山林，要在山林上盖七套中国建筑（类别墅），造价不菲，单成本就3000万，他计划每套卖1亿。而让他痛苦的是，他开始怀疑自己的决策是错的，按照他的推理，他认为这块地很好，需要珍惜，而从运营的角度，他想做到价值最大化，所以只设计了七套房子。但是让他痛苦的是，这块地的产权只有20年。换言之，20年，7300天（365×20），总价1亿，等于每天支出的成本是13698元。他在想，谁会埋单？仔细算下来有点傻。谁买来做什么？离城市又远，周边配套设施没有；重点是，他不知道怎么做建筑的设计。完全往高品质去做，不现实，毕竟只有20年，往文化会所方面做，他觉得没人来。为此他犹豫不决，把问题交给我。而我从来不曾考虑过类似的问题，于是我开始思考，在私人住宅"无产权"化的前提下，建筑存在的意义。

后来，我发现，在产权逐渐减少的设定下，它的私人属性在弱化，它逐渐从个人物品转化为某个群体共有的物品，转变成公共用品，成为全民享用的物品。中国的私人住宅，走的是公有与私有之间的一个权衡，所以才有40年产权、50年产权、70年产权之分，追求的是在特定时间段内，让土地价值释放。

有时候想想也挺可悲，人的一生，短短不足百年，但人们总是渴望拥有什么，把能力所及的很多东西私有化。其实只有那些你使用过了的物品才真正属于你。有人说，人之所以有私人欲，更多的是因为不安全感；也有人说，人之所以想占有/长期占有某类物品，是想强化个体之间的差异。热衷私有化的原因很多，但绝大多数是心理原因。

本质上，私有与公有之间是以时间为分割的。以时间为单位，在私有与公有之间，也有一个清晰的衡量标准。什么叫公共物品？什么叫私人物品？公共物品（public goods）和私人物品（private goods）是不可望文生义的一对概念，它们都在描述物品“在单一时间内是否会引起争用”。

具体而言，公共物品指一个人使用不影响其他人使用的物品；而私人物品则是指一个人使用了别人就不能使用的物品。所以，不难发现，旋律、知识、情节、电视信号和国防，都是一个人享用不会影响他人享用的，故属于典型的公共物品。鸡蛋、面包、台灯、领带和轿车，都是一个人享用别人就不能享用的，故属于典型的私人物品。

从“非黑即白”二分法来看，公共物品和私人物品看起来的确区分明显，很好分，但是，事实上还有一类东西看起来是公共物品，但一旦到达一定的临界点，就会是私人物品，例如，教育资源、音乐厅、剧院、高速公路、公交车等，当争用的人数达到某个程度时，一个人的使用就会影响其他人的使用，所以，超过一定使用者，它们就会转化成私人物品，我们一般把这类物品称为“准公共物品”。

那么，如果我们正视公共物品与私人物品背后的“公有制”与“私有制”，是否可以找到一个标准去划分什么东西“公有”，什么东西“私有”呢？我认为：与个体“衣食住行”等与生存有关的物品，可以私有，与集体“精神文明、心理素质、知识结构”有关的物品，要公有。

例如，食物、衣服、汽车、房子等，产权清晰，可以实行私有制；而义务教育、公共图书馆、博物馆、公园等，不影响公民生存，但是具备集体精神文明提升意义的物品，政府需要加强建设，促使与公民心理感知有关的物品，从“准公共物品”向绝对“公共物品”转化，应实行公有制。当然，其背后的拥有者属于公民集体，即国家的公有化。

这个观点是基于两点现实基础之上的。一、公民接受知识教育与精神文明培育，最终服务的是国家；二、在知识结构参差不齐、认知水平存在差异的国度，减少人文教育的成本，有利于让更多人获得知识，这和我之前强调的“机会的平等”是一致的，这样的公共物品，不存在竞争和排他性。

而本质上，我认为真正实现与精神文明建设有关的所有物品实现真正意义的公共物品公有制（人人可以享受，人人可以使用）之后，会产生公共物品的最高形式，一个所有公民都可以享受并且为之骄傲的财富——国家声誉。

事实上，在这样的标准下，有很多物品正在从私有向公有转化。2007年11月13日，阿姆斯特丹市政府宣布11月21日要把城市中的一棵老栗子树砍掉。当时，曾任联合国教科文组织顾问的穆塔尔先生表示，这棵栗子树是一座活着的纪念碑，反对将它砍掉。他认为：自然的东西和与历史相关的文化，以及有价值的记忆都应该被珍藏，保护并作为遗产传承下去。反对砍伐栗子树的还有一家位于乌得勒支的“树木学会”。在阿姆斯特丹市政府发布通告前的一个月里，他们从专业的角度对这棵栗子树进行了初步勘察，得出的结论是，虽然树干上长了很多真菌，但这棵树并没有死亡，有一部分还是很强壮、健康的。如果担心狂风等恶劣天气会将树干折断，砸坏周围的房屋，可以对栗子树采取支撑或加固措施……

本来，一棵私人庭院里的栗子树是私人物品，主人不在了，政府有权处理它，但是，这棵栗子树不是一般的栗子树，这是一棵有着150~170年历史的老栗子树，一棵出现在《安妮日记》里的栗子树。二战期间，德国犹太裔小姑娘安妮和家人逃亡到荷兰阿姆斯特丹，藏身于自家的阁楼上，这棵栗子树承载了他们对自由的向往，在1944年5月，安妮写道：“我们的栗子树花开得正盛。它枝繁叶茂，比去年更加美丽。”此后不久她便因人告密而被纳粹逮捕。63年过去了，这棵栗子树在荷兰人的心中已经成为国家的“历史见证者”，一位人类苦难历程和内心渴望的见证者。换言之，这棵栗子树已经成为一个国家公民集体记忆里重要的片段，它已经从私人物品转化成公共物品，与国家每个公民的记忆感知有关，有人曾为栗子树上的果实估过价格：700美元/颗。2010年8月23日，一场大风把这棵栗子树吹倒，目前，这棵栗子树的小树苗被种在阿姆斯特丹的一个公园以及世界其他城市里。

回到开头提到的问题，其实，在土地产权即将消失的趋势下，作为拥有独特景观资源、独特历史价值土地之上的建筑，开发商应该帮助建筑从“私人物品”向“准公共物品”再向“公共物品”的角色转变。我的那个朋友，最后把他的七套中国院落定制成中国传统文化的博物馆，他并不打算卖给任何人，只想让更多的人追忆/观瞻那些正在消失的中国传统艺术，而他的盈利模式则是开放部分公共空间，让那些拍卖行、画廊从事商业活动。

我表示欣慰的同时，还在想南通与摩根汽车合作的那块珍贵土地，希望它遇到一个珍惜它，并能让它成为公共物品的主人，哪怕准公共物品也好。

十方一念，万念一缘间。

生活在优质城市

“活化”与“保育”成为我心中优质城市的核心。我对活化的解读是：遇见变化的规划，以及在规划中顺势调整，一切以人居为中心。

习惯了飞行之后，人会变得孤立。不知为什么，我常有自惭形秽的念想，内心往往会莫名地孤寂。

有时候，我会把心情不好归咎于季节、天气，尤其是雨季与电闪雷鸣。细想之下，除了飞机有可能无法起飞、晚点之外，更多的是对不确定因素无法判断的被动感。

所以，很多时候，我更喜欢傍晚时分的飞机。那个时候是白天与黑夜交织的片刻，是一种光的落幕与另一种光的登场。前者是日光，后者是星光与灯光。

当飞机引擎发动，人与城市开始了角色的分离，有了一种主角与观众之别的抽离感。人开始很客观冷静地俯瞰城市，这有点像日本摄影师森山大道推崇的一种冷眼看世界的姿态——海参哲学。森山大道曾说：“不过，如果我想变成海参，就不该有所抱怨，因为海参不会让自己这样忙碌，它自然希望能被安静地遗忘。在平静无波的海底呼呼大睡，与人情社会隔绝，在始终模糊又懒散的海参记忆里，独立漂荡玩耍。”我对他所说的这种游离感有共鸣，好比飞机起飞的一刻，终于挣脱了束缚。

当然，傍晚起飞的航班，还有一种对家的亲切眷恋，家的氛围让人暖得融化。如果这时候，一通来自父母的电话及时响起：“是否需要给你留饭，落地请告诉我们。”听到亲人这样的话，就更加温暖无比了，期待早点到达。往往这个时候，我会想起少年时代傍晚时分的“单行时光”：父母由于工作原因，忙碌于城市配套的修造，所以有那么一段时间，我总在傍晚时分独自沿着破败的铁路行走，而当看到辽阔的平原炊烟袅袅升起时，仿佛闻到家里熟悉的饭香。

其实，在我真正的记忆里，这片“平原”只是一片废弃的土地。“平原”之上，住着城市的外来公民，一般是一个小房子（搭起的小棚），门前一口锅，棚下挂着零散的衣物。我那时独自行走，看到这些小房子前炊烟升起，就有了家的感觉。

我是从寂寞少年的单行时光开始思考城市问题的。

在飞行中，从某种意义上说，人好比跳棋，从一座城市到另一座城市，从棋盘上的一个格子到另一个格子。在不同城市，你会遇到不同的人。城市的感觉和气味是从飞机落地的那一刻起就扑面而来的，微咸的海风、闷热的潮气、清冷的雾霾、干冽的沙尘、温润的水露、缠绵的细雨，都构造出你对一座城市的第一印象。

接着，是方言，语音里流露出的民风与市井气。在我的脑海里，市井是一个褒义词，它代表了某种真实的地气。我的价值观中，只有与大众内心接轨的东西，才是值得尊敬的。事实上，在文化艺术中，你越向下，越容易感到一种人情味，例如，梅兰芳的表演、丰子恺的作品、齐白石的书画。大师之所以称为大师，最可贵的，无非是不动声色之中，潜藏着平常的人情味。

在交流方言之后，会看见一两个投缘的面孔。你不确定在下次飞行落地后，是否会遇见他们。你上了他们的车，朝目的地前行。这个时候，城市与人的关系就变得微妙起来，你也很容易从他们的面孔和眉目中，洞察到他们对城市的印记。他们之中，有主动表达好客之情的，有抱怨城市环境的，有流溢出真实可信的自豪感的，有主动追忆城市百年变迁的，也有为城市现状叹息的。

在长年的飞行当中，我开始从经济层面思考一个问题：怎样的城市才是好的城市？要弄清楚这个问题，则需要从三个层面考虑，城市到底是什么？什么样的城市是好的城市？好的城市会具备怎样的意义？

在我思考这个问题的一年里，恰巧国家地产行业进入调控阶段，出现了行业格局的变化，小开发商逐步退场，大开发商（央企、国企、外企、复合型企业）开启并购与整合，在市场环境供求不均之下，土地成本回归理性，很多有实力的企业开始了动辄就300万平方米起步（甚至30平方公里或更多）的土地储备，很多缺乏经验的实力企业开始了“一级开发+二级联动”的运作模式，在此契机下，我开始审查并正视这个命题：怎样的城市才是好的城市？

要解决这个问题，首先要明白城市到底是什么。

目前，接近城市这一概念的地产作品都是复合型大盘作品，用以满足城市一部分人的生活、娱乐、休闲、消费、运动、社交。严格意义上来讲，这应该叫社区。要弄明白城市是什么，首先要明白社区与城市的区别。而两者的第一区别是：社区是依附型的，城市是独立型的。社区的居民无法与城市脱离，换言之，社区是在原有城市的基础上再生的。一旦把社区封闭，它就难以存在。而城市是独立的，两座城市之间，可以不依附，城市有完善的自运作系统。社区与城市的第二区别是：社区解决更多的是生活问题，城市解决更多的是生存问题。这点比较拗口。举个最简单的例子，就是社区可以没有教育、可以没有医疗、可以没有自己的交通工具、可以没有自己的文化内涵、可以没有社保、可以不给你发工资，但城市不行。城市解决的不仅仅是业主的生活品质问题，而且是对市民生存环境的整体优化。

从这一点来看，城市的使命要比社区更复杂而长久。

美国科幻作家厄文·史特劳斯在《微国家：How to start your own country》里面写到一个国家应该具备的几大要素，里面还有一则故事非常有趣是说：

2005年年初，英国喜剧作家、演员丹尼·华勒斯（Danny Wallace）突发奇想，决定要建立一个自己的国家，而且，地点就在他家里。决定之后，丹尼积极招募国民、努力拓展外交，在极短时间内招募到五千多名国民，甚至差点骗到瑞士联合国代表承认它的地位。

这段曾在BBC播放的《建国历史剧》虽然看来好笑，却非常认真。事实上，这个世界上，有近百个在自家后院建立起来的国家。它们可能无法在一般地图上见到，联合国也不予承认，但说起国民、领土、政府，甚至护照、邮票、货币，它们可是一样不缺。

而我也是在阅读完厄文·史特劳斯的书后，发现如果把法律制度、货币制度、政府机构去除的话，城市与国家是没有本质区别的。

那么，当我们在描述一座好的城市时，当我们有机会去设计属于内心的完美城市时，我们就好比是一个国家的建造者。如果要用一个名词去描摹什么叫好的城市，我想到的是“优质城市”。事实上，我想到这个概念时，曾翻阅过的大量城市规划研究的资料，其中唯一对“优质城市”做过系统的研究的资料是香港城市建设的一份倡议书——《优质城市　优质生活》。

书中引言这样写道："香港要成为国家最进步的城市，不单要发展经济，也要建设优质的城市生活。环境保护是全球关注的议题，尤其是全球暖化问题日益严重。我们会推出多项环境保护措施，降低温室气体排放，收紧污染物排放标准，而政府也会与市民及商界携手去推动各项环境保育措施。这是一项长远而持续的工作，要长时期不断努力才有成效。此外，文物保育已成为市民近年最关心的议题。在文物保育方面，我们不会只停留在建筑物保存的层面，会更进一步从建筑物活化的角度考虑，亦会从整个地区角度去做策划。今后，我们与社区会有更多的沟通互动。食物安全亦是优质生活不可或缺的一环。我们会完善法规，加强执法及强化食物追踪，以确保食物安全。"

我是从香港政府这篇《优质城市　优质生活》公告书开始对"优质城市"进行解读的。香港、台湾对中国文化要比内地更为珍视，所以在遣词造句上也更为严谨、精准。

里面提到了优质城市的几个参数（条件）：环境、建筑、文化、食物，而在引言里也出现了两个直指人心的词："活化"与"保育"。

中国文字博大精深，"划"与"化"的区别，用禅道来解释则是，"划死化活"，一切与"划"有关的，都是明确的、固定的、不变的，例如，计划、划分；而一切与"化"有关的，都是灵活的、运动的、变化的，例如，分化、化繁为简。在香港的关于优质城市的公告里，提到了活化，这是很有意思的。试问，规划的划，代表了什么？

我对活化的解读是：遇见变化的规划，以及在规划中顺势调整。

"保育"这个词也很奇特，在内地，我们倡导更多的是保护，原封不动的，好比把金丝雀放在笼子里。但香港不是，她更在乎"育"的作用，保护是为了发展，保护的目标是为了创造与孕育，所以这点藏有我们前所未曾意识到的发展的观点。

纯粹保护是没意义的，只有在保护基础上放大，在保护基础上赋予新的时代意义，保护才有价值。

“活化”与“保育”成为我心中优质城市的核心。我脑海里的优质城市是这样的：

第一，有一片纯净而完美的土地，必须有水源，没有水源就没有生机，没有繁衍的可能。在原有环境基础上，因地制宜地进行规划，什么地方适合居住，什么地方适合工作，什么地方适合公共活动。如果非要找一个样本的话，维特鲁威的《建筑十书》是不错的教科书，里面提到了城市建筑物的朝向如何确定、气候与人类活动的关系、不同土壤环境与建筑功能的对应关系，以及风向湿度对疾病的关联。一座优质城市，首先应风景美好、生态健康。

第二，在建筑规划中要考虑到功能区分的问题，建立的是一套完整的系统，其中包括交通系统、居住系统、农业系统、教育系统、医疗系统、运动系统、商务系统、行政系统、休闲系统、观光系统、艺术系统等，这些系统要尽力做到完善，毕竟城市和国家的本质是相似的。而在整体系统布局点，要考虑到不同年龄人群的生活成本、就业机会以及精神文明的心理需要。

第三，城市必须有自己的文化，这是由居民的归属感决定的。城市必须有自己的精神文明成果，可以是由城市公民自发形成的心理学、哲学、政治学、生物学、生态学、医学、文学、音乐、艺术等的研究成果；也可以是由城市组织的集中探讨与研究。相应地，城市必须有自己的文化广场、音乐厅、图书馆、艺术馆、科技馆、展览馆和历史博物馆。

第四，城市必须有自己的生态系统，简单说就是食品的自我生产、加工，而且有成熟的食品安全监督机制与标准，确保城市居民可以健康地生息繁衍。

以上就是我对优质城市的感想，一座优质城市与优质的人（才德兼具）一样，会成为一个样板，最终会通过自身的价值影响到更多的优质城市。

中国，地大物博，有足够的空间与场地打造优质城市，但目前还在探索中。其实，理想状态是，先把一座城市建设完，再把老城市的居民在解决医疗问题、就业问题、教育问题的前提下，集体移民过去，然后再集中精力优化老去的城市。

这样的想法有点大胆，也有点不切实际。在飞行的过程中，我只是在白纸上描画我心中的理想城市，做自己想象世界里的国家创造者。

从运营到经营

运营追求的是效益，即要赚钱，追求的是效率，还要控制内部成本，它还是收敛性的，需谨慎稳妥；经营则是扩张性的，要积极进取，抓住机会，胆子要大，是开放性的。

我记得有一个雨天（奇特故事仿佛都发生在雨天），我穿着一条工装裤和帽衫打着伞从工地出来（区别于精工定制的高档西装，我更喜欢舒服的工装），在某大厦的楼下看到一个西装笔挺的少年，正在躲雨。我的形象与他的形象形成了鲜明的对比，出自恻隐之心，我把伞给了他，并告诉他，不用还了，天冷，早点回家。可能是形象的需要吧，我的内心觉得，他更适合一把伞，而我只需要把帽衫套头上就可以了。

接着，一辆轿车从地库开了出来，车上坐着一个慈祥的男人，少年和他说了几句话，然后邀请我上车，送我一程。

我当时很不好意思，推辞多次后终于上了他们的车，后来我才知道，那个慈祥的男人（少年的父亲）是当地的某位干部。于是，我们在车上开始交谈，由于当天大雨，路途遥远，我们的对话时间较长。

那天，我们谈了一个很有趣的问题，如果让你做市长你会怎样？在轻松的交流之后，我们进入了一个比较严肃的问题：人应该怎么对待城市。

当时，我提到了一个概念：经营城市，而不是运营城市。

每当飞行中遇到雨天，我总能想起这一则耐人寻味的往事，我也在不断的斟酌中，逐步形成了自己对“经营城市”的解读。

“经营城市”在某种意义上是和目前众多地产商所说的“运营城市”相对的，我试图从经济学上做些拓展。

这里有一个好玩的游戏，不妨把你身边的人叫到一起，问他们一个问题：经营与运营有什么区别？相信80%的人回答不出来。

回答这个问题的最简单法则是，从日常生活找参照物，什么是需要经营的？经营家庭、经营婚姻、经营人生。而运营呢？运营资金、运营企业。经营与运营的第一区别，是时间的长短。经营是无时间概念的长远布局与规划，运营则是在短时间内以利益为出发点的高效资本运作。

我们可以用一个很简单的例子来说明长远与高效的区别。还是以苹果为例子，一个苹果通过推销，原来1元钱的卖出了2元钱，拿2元钱再去买10个鸡蛋，把鸡蛋煮熟，最后10元钱卖出去，买卖中不断增加资产，这个是运营。而一个苹果，把它种到地上，让它长成苹果树，苹果树结出果实，部分果实卖掉，部分果实榨成果汁，包装卖掉，通过种植技术的改良，让苹果增加产量，获得收入后，包下一大片地，全种上苹果树。后者就是经营。

从这一点上来看，经营与运营的第二个区别则是：对物与资本的不同对待。经营强调的是对物品的持有性，而运营只是对物品的短暂的一次“过手”。

我习惯用数学公式解决问题，永恒的时间>高效率的短时间，持有>过手。所以，我的观点是，经营大于运营。

事实上，如果我们从专业术语的角度深究，经营（operation）的概念为：

1. 运营（营利性事业），从事（营利性的工作）；

2. 苦心筹划；

3. 为一定目的而设法使机构或组织运转。

经营是根据企业的资源状况和所处的市场竞争环境，对企业长期发展进行战略性规划和部署，制订企业的远景目标和方针的战略层次活动。它解决的是企业的发展方向、发展战略问题，具有全局性和长远性。

对比一下，运营追求的是效益，即要赚钱，追求的是效率，还要控制内部成本，它还是收敛性的，需谨慎稳妥；经营则是扩张性的，要积极进取，抓住机会，胆子要大，是开放性的。

说白了，运营只是经营的一部分。

如果非要举个特别明显的本质区别，我理解的是对物品的不同态度。人与物，把物当收藏的是经营，把物当工具的是运营。

这么一来，问题就简洁很多了。

两者间有一个隐性区别，经营重视的是软实力（例如技艺、学识、修养、交际、举止），运营重视的是硬实力（例如资金、包装、打扮、功夫）。

对待城市，我始终认为，需要长期经营，而不是短期运营。

这和国家的制度有关，也和“急、快、赶”的发展诉求有关，四年出政绩，是让很多决策层头大的事情。城市建设缺乏规划性、长远性与格局观，当所有人认为光线最强的地方就是最繁华的地方时，已经过于盲目追逐城市外形而不是城市内涵。

目前很多城市决策者还停留在简单的土地出让、城市资产招拍、城市服务性公共资源（户外广告资源、公交车体等）的招商逐价中，依然还只是停留在运营的层面，而不是经营层面。对于地产商而言，过于强调产品的高定位、高品质、高价格往往弱化了建筑本身的软价值。而站在经营城市的角度来看，我渴望政府与地产商将关注力转移到建筑作品如何提升城市的软实力上来。

经营城市到底怎么做？所谓的城市软实力指的又是什么？

我认为，经营城市不管主体是政府规划者还是开发商，大可从以下四点发力：

第一点：明确城市特点，朝一个目标发展。是全球最休闲的城市、全球最娱乐的城市、全球最人文的城市，还是全球最科技的城市？政府与开发商要有个精神的统一，出发点一致，表现手法可以不同。

第二点：要为现有的城市搭建资本与产业的进入平台（对于三、四线城市）尤为重要，有资本进入，政府才能持续地建设，城市是在不断建设中越发被人关注与追捧的。而产业进入则是要为城市创造就业机会和帮助城市建立自身的知识产权。

第三点：为城市打造完整的、成体系的文化输出系统。城市的形象、城市的文化成果、城市的艺术作品，需要对外输出，不要停留在城市建设上，换言之，让城市融入世界。

第四点：从人的角度，强化城市居民的荣誉感与归属感。

从中国现状看，一个城市从“运营城市”到“经营城市”还是很难，政府要改变观念，开发商要加强使命感，当然，国家政策扶持与资金扶持也是必不可少的。

美丽城市计划

在“城市修饰计划”中，每一个公民都是设计师，艺术将真正实现全民化运动，对于生活的爱，在目光所及的细节中呈现。

我至今最难忘的一次单身旅行发生在两年前的夏天。如果你像我一样，看过类似极光的朝晖，你会对那个中国地图上几乎最北的岛屿念念不忘。

如今，我还记得那个渺小的岛屿，在维基百科（或者百度）上，它的描述是：岛长4.84公里，宽1.02公里，岛东西长，南北宽，形似元宝。该岛有陆地面积4.72平方公里，耕地面积为42公顷，海岸线长14.3公里，有居民235户，居民总数765人，属境内第八大岛。岛与城市的唯一联系是168座位的客船一艘，每年客运量四万人次，搭载游客与运送物资。岛上修了水泥公路，安装了路灯，公路两侧种植了名贵的花木，常年奇花盛开、乔木苍翠。

作为国内难得一见未全部实行产权制度改革的行政村（岛），从1992年开始，岛上兴起了家庭旅游业。自给自足的生活方式与质朴简单的民生习俗，我愿意在岛上安放我生命中的一整个月。而我每次想起它，都会记得洁白无瑕的屋顶、茂密的玉米田园、各类鲜艳的花草、路边堆叠平整的贝壳，以及偶遇的一匹马，那个午后，它正在不紧不慢地吃着玉米秆，用眼神扫望着同样不紧不慢行走的我。

我在一枚枚看似残缺却完整的贝壳中，看到一如年轮所透露出的时间转换，看到了岛民对自然的敬畏之心与感恩之意。天生天养的贝类养育了天生天养的岛民，在生命结束后，它们的躯体依然转化成建筑的表情，守护着岛民的人情世故，一如《幸福的建筑》里所提到的物及人之情谊。在我停留岛屿的一月内，岛民的确展示了亲和友好的一面，如果没有他们陪伴，我不会潜入6米的深海，遇见荧光紫的八爪鱼；如果不是他们教导，我也不会明白为何每次从海里出来，晚饭里都要喝下一整碗祛寒的老姜黑鱼汤；如果不是他们的包容，我也无法看见小拇指盖大小的水母仔。他们的盛情，让我对深海的好奇得到了空前的满足。

由于岛屿上的物资匮乏，敬天爱人的美德在此传载并发扬，以至于他们对每个来到岛屿观光的人都怀揣着感谢之心。我在那个时候再一次深刻地感到环境对人的影响。

而我最近留意到的环境对人的影响则是：有专家指出气候变暖与成吉思汗的崛起有密切关联。文章里说，1206年，成吉思汗统一蒙古部落，成为大汗，卒于1227年。西弗吉尼亚大学的Amy Hessl和哥伦比亚大学的Neil Pederson通过搜集到的树木年轮发现，1208—1231年间蒙古地区的气温较高，这一时间段比过去一千年的任何一个时期都要长。持续20多年的温和气候使得成吉思汗的人民比气温正常时收获了更多的牧草。草料多了，马的数量自然也就增加了，所以帝国的资本就增多了。

当然，环境不仅影响了人民的资本，也影响着人民的性格，如果你有兴趣研究中国版图上南北的差异，就会明白，南北方人性格的形成与地理环境是密切不可分的。

我国北方山少平原多，放眼四望，方圆几里乃至上百里一览无余。所以北方人的性格多豁达爽朗，大方而不拘小节。相反，南方则多山地河流而少平原，地形地貌受山水阻隔，条块分割相当严重，即使是平原地区也是沟壑纵横，山区峰回路转，视野被禁锢在狭窄的空间内。南方人在“巴掌大”的土地上精耕细作，为了生存，他们养成了精打细算、小心谨慎、善于运用现有资源发挥聪明才智的思维习惯。南北方的气候差异造成了南北方人的心理差异。南方气候较温和湿润，各种植物、花卉争芳斗艳，使南方人养成了沉稳、安详、感情丰富而细腻的性格。而北方气候较为寒冷干燥，多风沙，每年有近半年的霜雪天气，因此，长期生活在北方的人们多形成了冷静、心地纯洁、善良的个性。

在地理环境的影响上，中国南北出现了性格差异上的南细北爽、先秦哲理区域差异的南老北孔、文学文风差异的南骚北风、书法绘画差异的南雅北雄、戏曲音乐差异的南柔北刚、社会环境差异的南经北政、饮食差异的南甜北咸、汉语方言区的分布差异的南繁北齐，中国建筑园林差异的南巢北穴、南敞北实、南花北柏、南水北石、南私北皇（私家园林与皇家园林），甚至佛学差异里的南顿北渐（顿悟与渐修）。

当明白地理、气候环境对市民性格、文明产生巨大影响，而人的行为又在制约、影响环境时，我开始设置自己的未来城市构想，即城市修饰计划。当然，这里的修饰可以替换成任何一个名词，城市花园计划、城市森林计划、城市美容计划……

世界上城市修饰计划最具代表性的就是新加坡，如果你研究过新加坡整个国家品牌建造过程，你会明白“城市花园计划”对新加坡的影响有多大：仅用30年的时间，从发展中国家成为发达国家，呈现出年轻、美丽、干净、热情、多样化的国家形象。世界上最美的花园在这里，种下的不只是花，而是新加坡花园城市的目标。世界各国公共部门的很多官员都去参观新加坡，学习这座以兰花著称的城市如何种植攀缘植物、如何在钢筋水泥的立交桥上栽种九重葛灌木，如何通过土地酸碱度的改良移植国外树木、修剪街道拐角和隔离带的篱笆。更重要的是，这个国家以新杂交的兰花品种卓锦万黛兰创造出更具个性的花卉品牌，深化“花园城市”的国家品牌定位的内涵。新加坡的手法很简单，就是用国际社会知名人士的名字为其新孕育兰花的杂交新品种命名。

例如，第一株VIP兰花（肾药蜻蜓兰）是以新加坡前总督的夫人安柏立基（1956）的名子命名的。随后，新加坡以来本访国的国家领导人和社会名流命名了100多株重要的兰花杂交新品种，包括英国伊丽莎白女王二世、约旦国王阿卜杜拉二世、缅甸总统吴登盛以及意大利盲人歌唱家安德烈·波切利。现在新加坡“花园城市”的国家策略正在进化，新的国家形象为“花园中的城市”——不再是在城市中种花，而是把城市安放在超级大的花园里来，“花园模式”的变化是为了真正意义上让花与树为国家代言。

我的“城市装饰计划”概念以新加坡“花园城市”为蓝本。我所构建的三层逻辑关系是：

1. 增加城市绿化与花卉的种植，可以减少城市意外发生；

2. 强化城市绿化护理能促进城市中的市民交流，使得人与人之间不那么冷漠；

3. 而环境的整体优化与提升能让人对世界更加宽容，对生活更有期待。

先说第一层关系，如果我们的绿化隔离带做得足够科学、丰茂，用不同的灌木、乔木营造出富有层次的景观，只在斑马线的位置形成开口，人们还会不走人行横道吗？对一个住宅社区而言，如果我们通过不同级别的草木花卉形成外墙，让人无法靠近建筑，是不是既有视觉享受，又不像铁丝网钢钉围墙那么冰冷？又如，我们是否可以在自行车道和私家车道之间用树木隔离而不是围栏隔离。

第二层关系，我是指通过公共空间的绿化打造促进城市居民的交流。例如，天台空间以空中花园的绿化造林，天台作为平行于地面的空间，连着不同的建筑，在安全措施到位的前提下，提升空中花园绿化，能让社区的业主多拥有一个活动空间，并且促进不同家庭间的交流；又如，将水泥地的广场全改造成可以随便让业主践踏的剪股颖草坪，让业主的孩子可以尽情在草坪中玩耍，拥抱土地，而人往往也在与自然的零距离亲密接触中，构造自己对自然的热忱与敬畏。

第三层关系，是建立在人均绿化占有率的认知上的。如果每座城市的公民都能拥有一块自留地、如果每座城市的孩子都能拥有一棵以自己名字命名的树，我相信人们对环境的珍爱是自发的，对环境的维护与优化也是自发的，重要的是人们会因为植物而分享经验、因为收获花卉或果实而分享喜悦。在这一层关系中，环境不再仅仅以冰冷的空间存在，环境的教育意义将发挥出来，人们会在自觉与不自觉中开始展开对城市美化的智能竞赛。

当然，对城市的修饰也不仅是绿化层面，在日本，人们通过对下水道井盖图形进行巧妙设计，表达自己对生活的希冀，与对生活中日常美学的提炼。而在“城市修饰计划”中，每个公民都是设计师，艺术将真正实现全民化运动，关于生活的爱，在目光所及的细节中呈现。

栖居地：心灵的归属

在我们始终追求不断创新商业模式的今天，“求下、会柔、崇阴、尚无、初始”往往又代表了一个成功的企业所必须经历的五个思想层次。

在长途飞行中，很容易感觉到窗外光线的变化。某天，你踏上最早的航机，小憩片刻，揉着蒙眬的睡眼，在那一丝丝温暖的日光照耀下，俯瞰连绵不绝的群山。

不知不觉中，我总会去猜想身下山的世界，一种莫名其妙的神秘感。那山，那水，那人，那里的生活。阳光形成强大的武器，照耀在山上，将山的一部分形态曝光，而我总是在对身下群山的猜测中，情不自禁地进入历史长河中，思考历代知识分子隐居山林的文化本质。

远离市井，潜山而居的世界，往往为世人的想象提供了丰富的土壤与足够的话题。历代隐士最终都会把山当成自己理想中的栖息地。在深山野林、露珠花草、野兔竹鼠、马鹿出没的世界里，他们找到了内心的快乐。内心栖息的快感，简言之，是一种贴近朴实的快感。

当然，栖居山林的知识分子，本质是孤独的，因为孤单，所以抱团，便有了“抱团取暖”。关于这点，我第一个能想到的则是“竹林七贤”，无论是嵇康所谓“志在守朴，养素全真”的教养，“高情远趣，率然玄远”的本真，还是“若孤松”、“若玉山”的雄健，竹林七贤都在一派宁静和平，追求质朴环境中人格的美好与健全。

比起“竹林七贤”这类集体山居者，陶渊明看起来很单薄，却让世人感觉很亲近、容易理解，也最让外人崇敬。一句“云无心以出岫，鸟倦飞而知还”更让后来人浮想联翩。

我曾读过对陶渊明栖息意境的层层还原：

心有所念，自知家人最珍贵，从崎岖的小径穿过茂密的丛林，步伐在阳光穿透树林洒下的光影里匆匆而过，远远望见熟悉的陋宅，就已迫不及待、满怀欣喜。逐步靠近，发现僮仆已在门口等候，年少的孩子的在门口恭迎。这样的季节，田地荒芜，气候寒冷，但松菊看起来还非常健康与貌美。

于是，搀着幼儿的手走进家室，已有小酒满满一樽。提起酒壶，自斟自饮，看到庭院里的草木，即不显孤单。于是乎，安静地靠在窗台上，看看世界，天下再大，一宅足矣。哪怕终日漫步于田园，无所事事；哪怕柴门常常关闭，看似无人搭理，也不算什么。在这样的天地里，想漫步短行就走走，想抬头眺望就看看。

有闲云悠然地飘出山间，有鸟儿嬉戏之后知暖而归，总有好期待。

不知不觉，夕阳滑落山头，手心触摸着松树的纹理，不知时日过。

很多人能实现知识分子退隐山林的生活意象，却很难读懂知识分子的内心。

总的来说，归隐山林是理想与现实的不对等造成的，也有人说，隐居山林的出世是为了更好地入世。于是，如果立体地理解这种选择，不难发现，里面包含着抱负与自负的挣扎、对出世与入世的不同解读、儒家与佛家的博弈。

受过儒家正统教育的知识分子，人生第一定律就是“修身齐家治国平天下”，在科举作为进入国家机器唯一方式的朝代里，他们一生追求的就是：饱读诗书，通过各种途径，或经他人举荐，或由国家征召，或参加各级科举考试，被国家授予不同的官职，在其位谋其事。

这些没有太多人际交往经验、治国章法的知识分子构造的世界过于理想化，过于完美，所以失真。他们主观上积极的一面往往会被机遇的无力而消磨得无处可寻，所以，不管是盛世，还是乱世，总有退隐山林的代表。

从归隐程度来看，非常有意思的是，有真隐、假隐之分，久住和暂居之分。

真隐者，如魏晋诗人陶渊明，厚志薄身到终老；假隐者，钓鱼者，直钩垂钓，愿者上钩，假隐的目的是引起朝野的关注，如姜子牙。

久住者，如北宋诗人晁冲之，绍圣间隐居具茨山下，徽宗时屡荐不起；暂居者，如唐代诗人杜甫，乾元二年弃官居秦州同谷，后移家成都，筑草堂于浣花溪上。

虽然隐居形态不同，但真正离开世事的知识分子是没有的。当后人阅读其文字、诗歌，归根到底，反语也好，暗喻也罢，最终他们的思想未能完全超脱于当时的人事和政治。

纵观历史，正如五代诗人左偃，在其回顾一生时，笑言“谋身谋隐两无成”。可谓一句道破了许多以隐士自居的知识分子的内心，道破了身隐、心隐与语隐不同的境界与遭遇。

知识分子的隐居情结，是与文化传统密切相联的。

中国历代知识分子退隐的原因，大概有以下几类：

一类是孤鸣清高，无法融入社会，孟浩然的一句“不才明主弃，多病故人疏”和“坐观垂钓者，徒有羡鱼情”透露了内心的挣扎。

一类是厌恶政治斗争。王维，字摩诘，名和字都出自佛教的《维摩诘经》。作为看透了世事的一员，他“晚年惟好静，万事不关心”。他写了很多禅理诗，例如，“空山不见人，但闻人语响。返景入深林，复照青苔上。”他通过深山密林境界的空灵，声音色彩给人感受的恍惚微妙，显示出世界一切事物不过是虚幻。

然而，这种刻意的抒情与描摹有点接近普列汉诺夫所说：“凡是在艺术家和他们周围的社会环境之间存在着不协调的地方，就会产生为艺术而艺术的倾向。”这就转化到了第三类：为艺术而艺术，不问世事，纯粹为了传播自己的思想与观念，如李贽、王夫之。

还好，历史总是相似和幸运。

在不同的时代、不同的国家出现了梭罗和陶渊明这些思想相近的代表人物；而在中国历史上，也流传着“高山流水”这样的知音佳话。

当梭罗的“在崇高的山上放牧自己的羊群，时光如水滋养思想和传说”与陶渊明的“云无心以出岫”隔空对话；当琴师伯牙演奏高山流水，自称毫无描述之意的闲散之音被钟子期解读为“巍巍乎，志在高山，洋洋乎，志在流水”，这样的心知意合，对知识分子而言，也算是某种终遇知己的欣慰。

当然，他山遇故知，是欣慰，其实也是一种力量的凝聚（用开放的胸怀欣赏对方，用博大的格局观拥抱对方）。

在我的认知里，力量可以分为显性力量与隐性力量。

显性的，如山呼海啸、石崩地裂、雷鸣电闪。至于隐性的，则如风吹气动、寒酷冷暖、光辉霞虹等。两者相比，显性的往往看得见，摸得着，却短暂，稍纵即逝；与此相比，隐性之力虽然看不见、摸不着，却往往孕育着更为恒久、持续的作用力。

如果把隐居山林的知识分子概括成隐性分子的话，那么这些“隐性分子”在生存的形态上，可以理解为，用山林把自己隐藏（保护）起来，以便于发挥自身对社会、国家的作为。用现代人所理解的语言描述，则是换一种对自己更好的，更能有长久作为的生存方式。

至于其中道理，用一句常见的词语描述，则是：明争暗斗。一句俗话，则是：汝在明处，吾在暗处。

这里潜藏着一种哲学，光的哲学。

有光的地方，才有物。光让人辨别事物的形态，在生命学中，光又像一道指令，仿佛宇宙发出的一个具有普世共知的识别系统。万物对光的呼应，表现出来，就是生命的形态。

这么一来，藏于暗处就等同于藏在光无法照及的地方。

但何为光无法照及的地方？我认为有两个层面：一个是阴暗处，漆黑的空间；一个是“光中的暗处”，例如，人辨别系统中的盲点，又好比动物的保护色。

能明白这一点，就不难理解光的哲学，是任何生命的生存（保护）哲学。

隐性分子（知识分子）的内心是害怕光的。这点一般人很难理解，严格意思上说，不是害怕光，而是敬畏光。于是有了“敬畏光所照及的一切”的处世姿态。用通俗的话来说，目光所及的一切，都需要尊重与敬畏。你见到的每个人，老少男女，你见到的每一处空间，山海湖泊，都需要敬畏。

敬畏，涉及做人的姿态。把姿态放低，才能把世界看完整。站得高，由外及内，能看得远，却看到的是局部；而站得低，则是由内而外，看得透，看得清，毕竟，站得低时不仅能看见她，还能靠近她的内心，更能融于她（这里的她泛指土地、自然、万物）。你只有与她为一体，才可能认知、了解，甚至创造、重塑属于你的秩序。

按照这样的思路深化，那么什么东西能融于万物呢?

很自然的联想，就是水。于是有了人们常说的上善若水。

在中国的智慧里，有学者言：老子以无为求有为，庄子以无为求无为，儒、墨以有为求有为，禅宗以有为求无为。“以无为求有为”恰恰又是很多知识分子隐居山林的本质，在大众看不见的山林里，寻找人生剩余的抱负。

“上善若水，水善利万物而不争”是老子思想的具象描摹。用五个词归纳老子思想则是：求下、会柔、崇阴、尚无、初始。

◇ 求下，说的就是水往低处走、人往低处走的姿态。做人要卑微，心存敬畏。姿态低，容易和普通大众成为朋友，得道多助，用现代说法来说则是，适当示弱，就能得到更多。

◇ 会柔，就是不执，不一根筋，有办法，并掌握节奏与度，有技巧，柔软地进入人心，却又无坚不摧。

◇ 崇阴，就是说阴高于阳，古文有说，万物生于阴，而盛于阳。结合上述光照出事物的样子，阳光里的事物，都已经成形了，成形意味着发生了质变并有了固有的格局与面貌，这都是现在时了。而人呢，更应关注将来时，未来的生机与可能，而这些暂时不被人察觉的能量，就在于阴。

◇ 尚无，就是追求无的状态，“无”，才有空间装更多，“无”，才不自满。知识分子归隐山林，也求“无”，在物质享乐回归虚无后，精神世界得以充实。“无”还包括，无能。所谓无能，并非真无能，而是“不争”，不逞强、不表现、不张狂。在现代人的思维里，对“无”也做了丰富的内涵升华，那就是保持学习的心态、懂得欣赏普通的美、认可外人的价值。

◇ 初始，则是保持原来的状态，不破坏，不改变初善的本质。当然，也包括，像初生儿一样洞察与思考。人经历世事后，往往形成自我的判断标尺，而人的思考，用一句戏谑的话说，无非是偏见的重组，所以，有时候把事物打碎、重组后，往往又有一条新的道路。

在我们始终追求不断创新商业模式的今天，“求下、会柔、崇阴、尚无、初始”往往又代表了一个成功的企业所必须经历的五个思想层次。

1. 一开始要“会下”：以退为进，向大众学习，寻找共性的需求，向同行学习，在进入一个新市场前，最好通过卑微（适当地示弱）寻找联盟型的庇护；

2. 接着，要“会柔”：通过对大众需求的研读与对同行的分析，适当地调整自己的发展战略与商业模式，做到适应环境与大势；

3. 然后，“崇阴”，在发展自己、关注领头企业的同时，不要忘记观察自己领域的那些还不出名的竞争者，更多的比你优秀的企业明白一个道理：对成功的猎人而言，等待机会才是关键。而你，作为企业的执掌者，必须遇见潜藏的对手，看看那些别人看不到的地方。

4. 再次，要“尚无”，不要过分表达自己，不可提前亮出底牌，以免无法调整步伐，必须客观地洞察危机与风险，实在不行，回到第一步，重新开始。活着就有机会，犯错不可怕，可怕的是犯致命错误。

5. 当然，最终要保持“初始”，理性面对失败与暂时的失去，以充满正能量的新生之心，继续探索与发现。

如果说知识分子的归隐山林多少有点自负，那么老子上善若水的说法则是一种故意的“入世”，但其实，从本质上，两者无非都是努力地在日光下运行着敬畏光的哲学，保护自己。

任何一个企业都需要保护自己，隐藏智慧是抓住真正机会的前提。